Saber Horrível

NATUREZA NOJENTA

NICK ARNOLD

GLUP!

Ilustrações de
TONY DE SAULLES

Tradução de
ANTONIO CARLOS VILELA

Editora Melhoramentos

Dados Internacionais de Catalogação na Publicação (CIP)
(Câmara Brasileira do Livro, SP, Brasil)

Arnold, Nick
    Natureza nojenta / Nick Arnold; ilustrado por Tony De Saulles; [tradução Antonio Carlos Vilela]. – 3. ed. – São Paulo: Editora Melhoramentos, 2021. – (Saber horrível)

Título original: Nasty nature
ISBN 978-65-5539-253-1

1. Animais - Literatura infantojuvenil I. Saulles, Tony De. II. Título. III. Série.

20-52620   CDD-028.5

Índices para catálogo sistemático:
1. Animais: Literatura infantojuvenil 028.5
2. Animais: Literatura juvenil 028.5

Cibele Maria Dias – Bibliotecária – CRB-8/9427

Título original: *Nasty Nature*
Tradução: Antonio Carlos Vilela
Consultoria: Maria Uranie Khzouz Sanchez
Projeto gráfico e diagramação de capa: Lobo

Publicado originalmente por Scholastic Ltd., Inglaterra, 1997
Texto © Nick Arnold, 1997
Ilustrações © Tony De Saulles, 1997

Direitos de publicação:
© 2003, 2011, 2021 Editora Melhoramentos Ltda.

3.ª edição, julho de 2021
ISBN: 978-65-5539-253-1

Atendimento ao consumidor:
Caixa Postal 729 – CEP 01031-970
São Paulo – SP – Brasil
Tel.: (11) 3874-0880
www.editoramelhoramentos.com.br
sac@melhoramentos.com.br

Impresso no Brasil

Sumário

Introdução 5
Criaturas esquisitas 7
Animais burros? 24
Rosnados, uivos e rugidos 39
Viagens horríveis 54
Bonitos e nojentos: ajudantes e companheiros ... 65
Caçadores capciosos 78
Veneno de matar! 96
Por pouco! 105
Comilança repulsiva 118
Criando uma família 136
Nojeiras noturnas 149
Natureza nojenta? 158

INTRODUÇÃO

Cavalo. Burro. Cachorro. Estupidez animal. Sempre que os humanos xingam uns aos outros, metem os animais no meio. E os animais fazem aflorar o que há de pior em alguns humanos, o que pode levar a situações bem complicadas...

A ciência dos animais também pode fornecer algumas surpresas desagradáveis (e não estamos falando do abutre do seu professor de ciências). Que tal, por exemplo, as palavras estranhas que os cientistas usam para descrever nossos amigos de quatro patas? Elas com certeza nos deixam com uma sensação esquisita... principalmente quando não as entendemos.

Tudo isso é uma pena, porque é o lado horrível dos animais que os torna fascinantes. É óbvio que não estamos falando de bichinhos quentes e carinhosos. Pode ser agradável acordar e encontrar um gatinho fofinho ou um filhote de cachorro na sua cama. Mas e quanto a um sapo verde gigante, com olhos esbugalhados e pele verruguenta? Ou um belo gambá? Ou ainda um sorridente monstro-de-gila com mandíbulas enormes?

É, algumas criaturas são frias, viscosas e têm dentes gigantescos. Outras gostam de sugar sangue e vivem em lugares horrendos. Numa palavra, elas são NOJENTAS! E, por estranho que pareça, é disso que trata este livro: Natureza Nojenta. O tipo de coisa que noventa e nove por cento dos professores não sonharia lhe ensinar nem em seus sonhos mais cruéis.

Mas... quem sabe? Depois que você ler sobre répteis e mamíferos, talvez possa persuadir seu professor de que você é um "naturalista". Talvez até descubra um novo tipo de criatura nojenta. Ou sinta-se inspirado a criar um novo bichinho de estimação...

> UAU! UM NOVO BICHO! O QUE ACONTECEU COM O HAMSTER?
>
> FOI COMIDO!

Não se preocupe, ele não está com fome... ainda.
Uma coisa é certa: a ciência nunca mais será a mesma.

Criaturas esquisitas

Às vezes precisamos de uma pessoa difícil para solucionar um problema realmente difícil. E, 300 anos atrás, os cientistas tinham um problema assustadoramente difícil. Os exploradores descobriam sem parar novos tipos de animais esquisitos. Mas como os cientistas deviam fazer para classificar essa grande variedade de novas criaturas? Não era mole.

Galeria da Fama do Saber Horrível: Carl Linnaeus* (1707-1778).
Nacionalidade: sueca.

(* Este era seu nome em latim, o nome verdadeiro era Von Linné.)

Carl Linnaeus era um homem difícil. Mas não somente porque ele era um gênio inspirado com memória inacreditável. O problema era que ele sabia disso e queria que todo mundo também soubesse. Se alguém o criticasse, ele se tornava terrível. Ficava emburrado como uma criança mimada e nunca admitia que estava errado – nunca, nunca, nunca. Nem mesmo quando cometia erros gigantescos, como afirmar que o hipopótamo era um tipo de rato!

Para sermos justos com Carl, é preciso dizer que ele já tinha visto ratos antes, mas não hipopótamos.

> HIPOPÓTAMO
>
> ORA ESSA! MEU GATO PEGOU UM DESSES A NOITE PASSADA!

Mas, quando ele dava palestras, centenas de estudantes corriam para escutá-lo. Por quê? Porque ele também contava piadas. (Um cientista com senso de humor... isso é uma raridade.)

A busca de Carl

Carl Linnaeus tinha pés inquietos... ou seja, ele nunca parava de se mexer... e trabalhar. Ele viajou 7.360 km pelo norte da Escandinávia e descobriu 100 plantas que a ciência desconhecia. Mas seu objetivo principal era muito mais ambicioso. Ele queria classificar todos os animais e plantas do mundo em algum tipo de ordem lógica.

Infelizmente, ele gostava mais de alguns animais que de outros. Ele tinha coisas especialmente terríveis para dizer sobre os anfíbios – criaturas como sapos e rãs que vivem na água e na terra...

> A MAIORIA DOS ANFÍBIOS É REPUGNANTE POR CAUSA DE SEU CORPO FRIO, COR PÁLIDA, ESQUELETO CARTILAGINOSO, PELE IMUNDA, ASPECTO FEROZ, OLHOS AMEAÇADORES, CHEIRO REPULSIVO, VOZ DESAGRADÁVEL, HABITAÇÃO NOJENTA E VENENO TERRÍVEL...

Carl interrompeu seu trabalho. Havia uma enorme variedade de animais no mundo. E milhares eram descobertos a cada ano nos lugares mais improváveis.

Apoóto que você não sabia!

Atualmente existem cerca de 10.000.000.000.000.000.000.000.000.000.000 (10 bilhões de trilhões de trilhões) de animais na Terra (mais ou menos alguns milhões), de todos os tamanhos e formatos.

A classificação

Então, como foi que Linnaeus classificou todos esses bichos? Ele disse que cada tipo de animal era uma espécie. Pegue este sapo feio...

NÃO, OBRIGADO!

Mas, de acordo com o plano de Linnaeus, os cientistas chamam o sapo de **Bufo bufo** – *bufo* é o nome da espécie, e *Bufo* é o nome do gênero a que ela pertence. (Gênero é um grupo de espécies semelhantes.) Na verdade, Bufo significa "sapo" em latim, de modo que o nome científico na verdade significa "Sapo sapo".

Linnaeus colocou cada gênero dentro de uma categoria maior, chamada família, e agrupou as famílias em classes (você vai gostar de saber que não tem nada a ver com escola). Nosso sapo pertence à família *Bufonidae* e à classe dos anfíbios, que também inclui seus parentes viscosos, as salamandras.

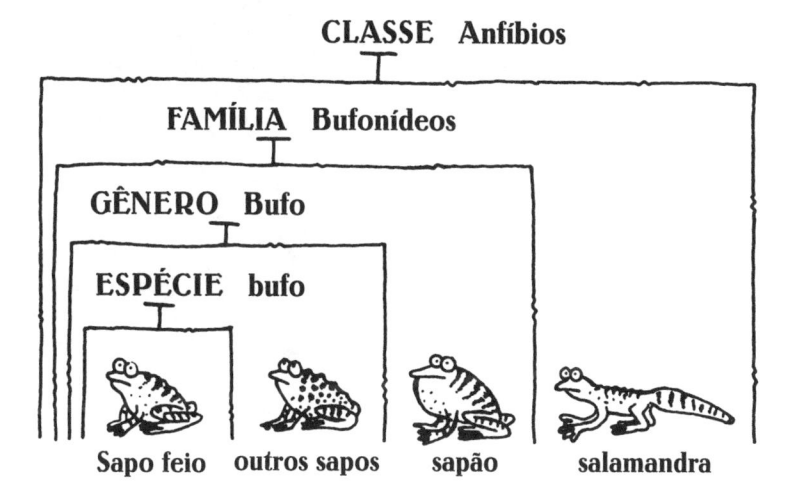

CLASSE Anfíbios

FAMÍLIA Bufonídeos

GÊNERO Bufo

ESPÉCIE bufo

Sapo feio | outros sapos | sapão | salamandra

Aos poucos, os cientistas de todo o mundo começaram a aceitar os métodos de classificação de Linnaeus, que continuam em uso hoje em dia. Veja, a seguir, as principais classes de animais. Onde você se encaixa?

CELENTERADOS - 9.000 espécies

Não, eles não são alienígenas de ficção científica. A aparência é essa mesmo. Vivem no mar e seus corpos consistem em uma espécie de estômago com tentáculos armados de milhares de células com ferrões. Exemplos nojentos incluem águas-vivas, anêmonas-do-mar e corais.

ÁGUA-VIVA

EQUINODERMOS - 5.000 espécies

Essas criaturas horripilantes também vivem no mar. Têm pele dura, espinhosa. Suas pernas são tubos ocos dispostos ao redor de uma área central. Exemplos sinistros incluem a estrela e o ouriço-do-mar.

OURIÇO-DO-MAR

CRUSTÁCEOS - 42.000 espécies

Crustáceos também têm esqueletos do lado de fora do corpo. São cascas duras que provocariam dor de dente em um agressor que tentasse mordê-los. Exemplos crocantes incluem caranguejos, lagostas e cracas.

LAGOSTA

ARACNÍDEOS - 35.000 espécies

A má notícia: a maior parte dessa classe é de aranhas. Eca! A notícia pior: alguns aracnídeos são escorpiões. Aracnídeos têm cabeça e tórax (as partes centrais) unidos, de seis a doze olhos, oito pernas articuladas, um par de tenazes e duas garras... Ah, quase me esqueci: um ferrão venenoso na cauda. Alguns gostam de fazer travessuras com os humanos, como se esconder em seus sapatos!

ESCORPIÃO

PEIXES - 21.000 espécies

A maioria dos peixes tem esqueleto ósseo. Portanto, cuidado quando comer um deles. Outros peixes, como os tubarões, possuem esqueleto cartilaginoso. Peixes vivem na água (ora, que surpresa!) e respiram ar dissolvido na água através das guelras, localizadas nas laterais da cabeça. A maioria dos peixes é coberta de escamas e usa nadadeiras para... nadar. Bem, elas são melhores que asas aquáticas.

ENGUIA

ANFÍBIOS - 3.200 espécies

Anfíbios têm o sangue frio. Isso não significa que sejam assassinos cruéis e desalmados, embora muitos sejam. "Sangue frio" significa que eles se aquecem e se resfriam de acordo com o ambiente. Possuem quatro pernas, e sua pele é fina e viscosa. Anfíbio significa "dois modos de vida" em grego. E sapos realmente levam uma vida dupla.

SAPO

O Sapo e o Girino

COME, MASTIGA... ARROTA!

1. O girino nasce de um ovo e come seus azarados irmãos e irmãs.

NÃO TÃO REPUGNANTE QUANTO ELE.

2. Mas em algumas semanas ele se transforma num adulto de aparência muito diferente, porém igualmente repugnante.

PEGUEI!

3. O sapo adulto não come seus familiares, mas agarra moscas com a língua comprida e pegajosa.

QUANTO FALTA PARA A PRIMAVERA?

FIQUE QUIETO E DURMA!

4. A maioria dos anfíbios passa o inverno enterrada na lama, no fundo de rios e lagos.

RÉPTEIS - 6.000 espécies

Répteis também têm sangue frio e são cobertos de escamas ou placas córneas (diferentes dos peixes). O cérebro é pequeno para seu tamanho, e as pernas projetam-se do lado do corpo, fazendo com que tenham de rastejar ao se mover. (A menos que sejam cobras, que deslizam.) Os répteis nascem de ovos (mas não tente comê-los).

CAMALEÃO   TARTARUGA

PÁSSAROS - 9.000 espécies

Pássaros têm duas pernas, um par de asas e bico córneo. (Aposto que você comprou este livro para aprender isso!) Seus corpos são cobertos de penas feitas de queratina – o mesmo material de que são feitas suas unhas. Os passarinhos nascem de ovos colocados por suas mães. Isso se os ovos não forem parar no café da manhã de alguém.

PICA-PAU   GALO   PATO

MAMÍFEROS - 4.500 espécies

Mamíferos têm sangue quente* e a maioria vive na terra e não pode voar. Bebês mamíferos nascem vivos e não em ovos, e são alimentados por leite fornecido por suas mães. E... adivinhe? Sim, nós também somos mamíferos. Exatamente, os humanos pertencem a esta classe.

HOMEM CACHORRO

* Isso significa que o sangue é mantido aquecido porque o corpo dos mamíferos é coberto com pelos e/ou gordura, que o isolam do frio. Não é a mesma coisa que ser "sangue quente" no sentido de ser alguém que perde a cabeça facilmente e vive se metendo em brigas.

Habitats terríveis

Animais são encontrados em qualquer lugar que você puder pensar e também em alguns que você não gostaria de imaginar. A propósito, os cientistas chamam de *habitat* o local onde um animal vive. *Habitats* animais vão desde desertos e florestas tropicais até recifes de coral e pântanos fedorentos.

Iaques tibetanos passeiam alegremente pelo Himalaia tibetano em alturas acima de 5.486 metros. E eles acham que as temperaturas gélidas de -17 °C são até bem aconchegantes. Aparentemente, os ursos vermelhos conseguem ir até mais alto que isso, e assim são confundidos com o legendário Abominável Homem das Neves.

Animais também vivem nas profundezas dos oceanos. Quando os exploradores dr. Jacques Piccard e tenente Don Walsh alcançaram a parte mais profunda do oceano – 10.911 metros – em 1960, a primeira coisa que viram foi... um peixe. Depois Piccard diria:

> LENTAMENTE, MUITO LENTAMENTE, ESSE PEIXE SE AFASTOU DE NÓS, NADANDO MEIO SUBMERSO NO LODO DO FUNDO, E DESAPARECENDO NA NOITE NEGRA, NA ETERNA NOITE QUE É SEU DOMÍNIO.

Os exploradores ficaram espantados. Eles imaginavam que a pressão da água no fundo do mar esmagaria qualquer criatura.

Fatos grandes e pequenos

O maior animal que já viveu na Terra é a baleia-azul. Essa criatura pode chegar a 33 metros de comprimento e 80 toneladas de peso. Isso é 24 vezes o tamanho de um elefante, e é maior até que o maior dinossauro. Dentro de uma baleia-azul há 8.500 litros de sangue, protegidos por uma camada de gordura com 61 cm de espessura. Mas eis um fato terrível: desde 1900, caçadores de baleias provocaram a morte de pelo menos 364 mil dessas criaturas estupendas.

Compare a baleia-azul a um... beija-flor. Ele tem apenas 5,7 cm do bico à cauda e pesa meros 2 gramas. Essa criaturinha vive do néctar doce e pegajoso das flores.

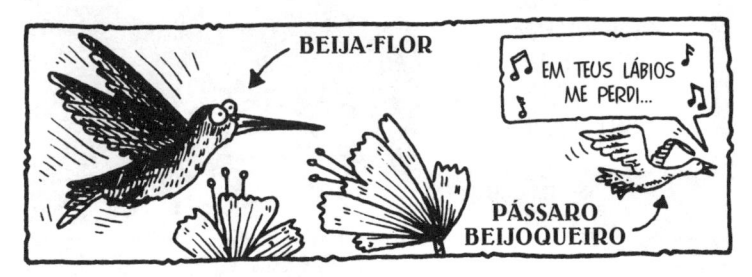

O gobião das Ilhas Marshall é um peixinho que vive no Oceano Pacífico. Ele tem apenas 1,27 cm de comprimento.

Mas existem certas criaturas que fazem o gobião parecer uma baleia-azul...

Ficha dos micróbios

NOME: Micróbios

FATOS BÁSICOS: Essas são criaturas tão pequenas que só podem ser vistas através do microscópio.

FATOS NOJENTOS: Eles provocam doenças. Por exemplo, a disenteria amebiana é causada por água de beber infestada por amebas. Essas criaturas nojentas infectam os intestinos e o fígado, causando violenta diarreia.

VOCÊ VIU A ÁGUA QUE EU ESTAVA TESTANDO?

Milhões de micróbios assassinos

Uma colher (de sopa) de terra pode conter:
- 70.000.000.000 (70 bilhões) de bactérias, seres com uma única célula que podem causar muitas doenças.

VOCÊ VIU MEU IRMÃO?

QUAL DELES? SÃO 8 MILHÕES!

- 900.000 flagelados. Esses são micróbios que nadam usando a cauda, em forma de chicote.

> VOCÊ NÃO PRECISA DE BRAÇADEIRAS, USE A CAUDA!

- 42.000 amebas. Elas se alimentam engolindo bactérias e outros micróbios. Seu corpo é transparente, permitindo observar o que comeram no café da manhã.

> VEJO QUE SUA DIETA NÃO VAI MUITO BEM!

- 560 ciliados. Essas são criaturas que usam pequenos cabelos (cílios) para nadar em porções úmidas de solo.

> POR QUE VOCÊ NÃO ESTÁ NADANDO?

> EXAGEREI NO CORTE DE CABELO!

A maioria dessas criaturas passa seu tempo atacando alegremente umas às outras. E quando não estão fazendo isso aproveitam para se dividir ao meio e assim criar ainda mais micróbios assassinos. Mas essas criaturas não são completamente nojentas. Ao se alimentarem de plantas e animais mortos, garantem que substâncias químicas valiosas sejam devolvidas ao solo, onde farão novas plantas crescer. É tudo por uma boa causa.

Aposto que você não sabia!

Em 1983, cientistas descobriram um supermicróbio escondido numa caverna no Arkansas, EUA. É uma bolha gelatinosa feita de milhões de amebas, que desliza como se fosse um único ser! Sua comida favorita é cocô de morcego, mas às vezes ataca montes de fungo. Ele envia amebas guerreiras para devorar o fungo.

Se você quiser conhecer outras criaturas realmente esquisitas, confira os exemplos a seguir. Quais delas são muito estranhas para ser verdadeiras?

Teste sobre vida selvagem e estranha

1. O *storsjoodjuret* é um réptil pescoçudo, de aspecto feio, que se esconde no lago Storsjön, na Suécia. Possui entre 10 e 20 metros de comprimento. VERDADEIRO/FALSO
2. Existe um tipo de pássaro com um chifre na cabeça, como o unicórnio. Seu nome popular é anhuma. VERDADEIRO/FALSO
3. O peixe Jack Dempsey recebeu esse nome em homenagem ao famoso boxeador americano. Esse pequeno peixe sul-americano foi batizado assim porque gosta de bater nos outros peixes para roubar seus ovos. VERDADEIRO/FALSO

4. Existe um tipo de cobra que consegue voar pequenas distâncias. VERDADEIRO/FALSO

5. O morcego-de-duas-cabeças, da Malásia, tem uma protuberância nas costas que parece uma cabeça extra. Isso engana corujas que tentam arrancar a cabeça do morcego durante o voo com bicadas. VERDADEIRO/FALSO

6. A perca trepadora da Índia é um peixe que sobe em árvores. VERDADEIRO/FALSO

7. O bode "cantor" ibérico é um excelente imitador de vozes. Ele é conhecido por imitar o grito dos montanheses. VERDADEIRO/FALSO

8. Existe uma criatura que vive perto dos rios australianos e tem bico de pato e pelagem de castor. Põe ovos como pássaro e tem espinhos venenosos como um lagarto. VERDADEIRO/FALSO

Respostas: 1. Provavelmente FALSO, embora algumas pessoas jurem tê-lo visto. Talvez ele seja um parente do famoso Monstro do Lago Ness. O governo sueco proibiu que se tentasse matar ou capturar a criatura, caso ela exista. **2.** VERDADEIRO. O chifre tem 15 cm de comprimento. O pássaro vive nas florestas tropicais da América do Sul, especialmente no Brasil. Pode-se ouvir seu grito a três quilômetros de distância. **3.** VERDADEIRO. **4.** VERDADEIRO. A cobra dourada consegue saltar 46 metros. Ela se lança de um galho alto e consegue empurrar o corpo para a frente enquanto corta o ar. **5.** FALSO. **6.** VERDADEIRO. Ela usa as nadadeiras para se apoiar nos galhos. Depois que está na árvore, permite que formigas subam em seu corpo. Então pula de volta para o rio. As formigas escorregam do peixe e ficam flutuando na água, onde são devoradas com gosto pelo malandro! **7.** FALSO. **8.** VERDADEIRO. É o ornitorrinco. Essa estranha criatura é, na verdade, uma espécie de mamífero que se parece com uma toupeira fingindo ser um pato. O intrigante ornitorrinco também tem sensores que detectam ondas elétricas emitidas por pequenas criaturas no fundo de rios lamacentos. A tentativa de classificar essa criatura esquisita pode levar um naturalista à loucura.

Naturalistas malucos

Naturalistas são cientistas que estudam o mundo natural. Alguns estudam animais específicos, enquanto outros dedicam-se a todo o *habitat* e a sua fauna e flora. Alguns naturalistas têm hábitos malucos. Veja um exemplo especialmente excêntrico.

Galeria da Fama do Saber Horrível
Charles Waterton (1782-1865).
Nacionalidade: britânica.

Charles Waterton gostava de fingir que era um cachorro louco e morder as canelas das visitas. Uma brincadeira de criança, você pode pensar, mas o doidinho ainda aprontava essa aos 57 anos de idade! Outro hábito curioso era que ele detestava dormir na cama. Preferia o chão duro, com um bloco de madeira como travesseiro.

> ALGUÉM VIU O CHARLES?

Ele fez diversas viagens à América do Sul para descobrir novos tipos de animais – que depois matava. E então os empalhava para ter tempo de estudá-los. (Certa vez capturou um jacaré vivo lutando com o bicho.) Quando, afinal, voltou a sua propriedade na Inglaterra, gastou 10 mil libras transformando-a na primeira reserva natural do mundo. É, Waterton realmente gostava de animais. Tanto que reformou seus estábulos para que os cavalos pudessem conversar entre si.

> RIDÍCULO! REFORMOU OS ESTÁBULOS PARA QUE OS CAVALOS POSSAM CONVERSAR!

> EU GOSTEI DA IDEIA!

> EU TAMBÉM!

Isso nos faz achar que Waterton era louco de pedra – cavalos não falam. Ou falam? Animais não são nem de perto tão inteligentes quanto os humanos (incluindo naturalistas e professores). Ou são? Descubra no próximo capítulo.

Animais burros?

Quão inteligentes são os animais? E quanto à sua compreensão, comparada à nossa? Ninguém gosta da idéia de que um animal seja mais inteligente do que nós. É por isso que gerações de professores horríveis têm recorrido ao sarcasmo.

> VOCÊ TEM CÉREBRO DE PASSARINHO, MANÉ. O QUE ME DIZ DISSO?
>
> PIU, PIU?

Seria ofensa tão grande se a sua professora de matemática dissesse que "você tem um cérebro de cavalo"? Decida-se agora ao ler a história de...

Hans, o Sabido
Berlim, Alemanha, 1904

A multidão aguardava, ansiosa, e ouvia-se um burburinho agitado. Cansada de esperar, a velha Sra. Schmidt voltou-se para sua jovem amiga, Srta. Stein, e murmurou:

– Ele não vai aparecer.

– É claro que vai! – disse a Srta. Stein. – É só esperar. Ele sempre aparece neste horário. E se é verdade o que dizem... ele sabe contar. É por isso que o chamam de "Hans, o Sabido".

– Como é possível? – perguntou a Sra. Schmidt, desconfiada. – Cavalos não sabem contar como pessoas, não de verdade, eu quero dizer.

– Pois esse sabe, e até melhor. Dizem que Wilhelm von Osten, seu proprietário, era professor. Quando se aposentou, ele começou a ensinar cavalos em vez de crianças.

– Pare com isso! Por que ele faria isso?
– Ele acha que cavalos são tão inteligentes quanto crianças e aprendem mais facilmente. Chegou a construir uma sala de aula especial para cavalos. Veja só, dizem que Wilhelm gritava com Hans quando este errava. Por vezes, usava até o chicote.

A Sra. Schmidt riu, parecendo uma galinha velha cacarejando.

– Meu antigo professor também era assim.
– Silêncio! – resmungou o homem atrás delas.

Então, viram Hans ser trazido para o pátio. As pessoas esticaram o pescoço para olhar melhor, soltando exclamações de admiração.

– Ah, ele não é lindo? – sussurrou a Sra. Schmidt para a amiga. – Quem são essas pessoas com ele?

– Uns manda chuvas. Von Osten escreveu ao governo pedindo que testassem o cavalo para provar sua capacidade. Então o governo organizou um comitê.

As mulheres observaram um homem montar algo muito parecido com um quadro-negro escolar.

– Estamos prontos? – perguntou o professor Carl Stumpf ao comitê de peritos.

– Ainda acho que é um número de circo – disse o treinador do circo.

– O cavalo parece estar em boas condições de saúde para o teste – disse, cauteloso, o veterinário.

– Andem logo, estou atrasado para uma reunião – disse o Político Muito Importante, consultando seu relógio de bolso de prata.

Wilhelm von Osten era um homenzinho de aspecto severo, com bigode pontudo. Mas naquele momento estava muito preocupado. Aquela era a maior prova até então. Será que Hans falharia?

– Talvez o senhor queira sugerir uma conta para o cavalo resolver? – o professor Stumpf pediu ao político.

– Humpf – soltou pomposamente o cavalheiro. – Bem, vejamos. Que tal duas vezes catorze?

Von Osten pegou um pedaço de giz e escreveu no quadro-negro: 2 x 14 = ?

Então curvou a cabeça e sussurrou, ansioso:

– Vamos, Hans. Tenho uma cenoura deliciosa para você. Mas primeiro tem de acertar esta conta.

A multidão silenciou. Hans olhava firmemente para o quadro. Depois de alguns instantes, o cavalo bateu o casco esquerdo duas vezes.

– O que ele está fazendo? – chiou a Sra. Schmidt.

– Está contando – respondeu a Srta. Stein. – O casco esquerdo conta dezenas, e o direito, unidades.

Então Hans começou a bater o casco direito. E todos no pátio contavam com ele as batidas. Clope, clope, clope, clope, clope. Hans parou com o casco no ar. Parecia um cavalo de carrossel num parque de diversões.

– Somente cinco! – anunciou o político, de má vontade.
– Quero que escrevam que esse cavalo é um imbecil!
Von Osten apertou a cenoura até seus dedos ficarem brancos. Mas Hans ainda não terminara.
Clope, clope... e finalmente... clope.

Hans olhou para seu dono e relinchou alegremente. Ele sabia que tinha acertado. A multidão aplaudiu, animada, e alguns começaram a assobiar e dar vivas.

O político ficou boquiaberto. Von Osten suspirou aliviado e deu a cenoura a Hans.

– A resposta está certa? – perguntou o treinador de circo ao veterinário.

– Está, sim.

– É incrível – disse o treinador, coçando a cabeça. – Em todos os meus anos de picadeiro nunca vi algo assim.

– Nem eu, em todos os meus anos de medicina veterinária.

– Eu lhes disse – exultou Von Osten, orgulhoso.

O professor Stumpf pediu a opinião do político. Este tinha ficado vermelho e enxugava a testa com um grande lenço manchado.

– Oficialmente não posso comentar... mas, extraoficialmente, posso dizer que estou... pasmo.

Ele se esquecera da reunião.

Mas será que Hans, o Sabido, era mesmo sabido? O que você acha?

a) Von Osten era um malandro sem escrúpulos. Ele treinou Hans para bater o casco, mesmo que o cavalo não entendesse as perguntas.

b) Hans era *mesmo* inteligente. Desde então os cientistas provaram que cavalos são melhores em matemática que alguns humanos.

c) Von Osten dava dicas a Hans. Não era culpa dele, que o fazia sem saber.

Resposta: c) Isso foi provado pelo jovem cientista Oskar Pfungst em 1907. Ele vendou Hans, e o cavalo não conseguiu responder a nenhuma pergunta. Mas, se você pensar bem, Hans era esperto. Ele percebeu que seu professor se inclinava para a frente ao fazer a pergunta e se endireitava quando a resposta estava certa. Essa é uma boa dica para qualquer pergunta de professor.

Teste seu professor

Como o seu professor se sai, comparando-o ao animal mais inteligente do mundo? Será que ele (ou ela) sabe responder quanto os animais a seguir eram realmente inteligentes?

1. Em 1960 a dra. Dorothy Megallon, de Kentucky, EUA, encomendou um carro especialmente projetado para seu cavalo. Então ela tentou ensinar o animal a dirigir. O que você acha que aconteceu?

a) O cavalo nem conseguiu começar.

b) O cavalo dirigiu perfeitamente.

c) O cavalo bateu o carro logo depois de ser multado por excesso de velocidade.

2. Gorilas do Zoológico de Frankfurt, Alemanha, gostam de ver TV. Qual o programa favorito deles?
a) Novelas.
b) Documentários sobre outros gorilas em seu *habitat* original.
c) Programas de esportes, incluindo resultados de futebol.

3. Em 1913 uma certa Sra. Moekel, de Frankfurt, Alemanha, possuía um cachorro que conseguia resolver problemas de matemática movendo as contas de um ábaco – um tipo de calculadora mecânica. Quão esperto era esse cachorro?
a) Chamar de estúpido era pouco para ele, que só sabia a tabuada do 2 até 2 x 4 = 9 (ou será 8?).
b) Os cientistas descobriram que o cachorro fora treinado para fazer certos cálculos, mas não tinha compreensão matemática do que fazia.
c) O cachorro resolvia raízes quadradas e era inteligente o suficiente para ajudar os filhos da Sra. Moekel com a lição de casa de matemática.

4. Tratadores do Zoológico de San Diego, Califórnia, EUA, ensinaram um elefante indiano a pintar segurando o pincel com a tromba. Como eram essas pinturas?
a) Eram obras de arte tão boas como parte da arte moderna. Cópias se espalharam pelas principais galerias de arte do mundo.

b) Eram terríveis, um amontoado de rabiscos sem sentido. Mas veja que alguns críticos as saudaram como "triunfos do expressionismo pós-moderno".

c) Era possível reconhecer os desenhos, mas, como os tratadores diziam aos elefantes o que fazer, não podem ser considerados como trabalhos dos próprios elefantes.

5. Cientistas testaram a inteligência de um chimpanzé colocando uma mancha de tinta em seu rosto e pendurando um espelho na sua jaula. O objetivo do teste era ver se o chimpanzé percebia que a tinta estava em seu próprio rosto. O que ele fez?

a) Olhou para o espelho bastante intrigado e começou a esfregar a tinta para tirá-la do rosto.

b) Fez caretas para o espelho.

c) Tentou tirar a tinta do espelho.

6. O cientista britânico dr. John Kredbs acrescentou porções inofensivas de material radioativo a sementes que deu a canários-da-terra para esconderem e comerem mais tarde. Então usou um contador Geiger (aparelho que detecta radioatividade) para monitorar as sementes escondidas. O que ele descobriu?

a) Pássaros são inteligentes. Os canários escondiam centenas de sementes todos os dias. *E, o mais impressionante, conseguiam se lembrar de onde todas estavam.*

b) "Cérebro de passarinho" era o termo certo para eles. Os pássaros logo se esqueciam de onde tinham escondido as sementes.

c) Nada. A experiência foi cancelada depois que o cientista se esqueceu de onde deixara o contador Geiger.

7. Um cientista decidiu ensinar três polvos a puxar uma alavanca que acendia a luz em seu tanque para receber, como recompensa, peixes para comer. O que aconteceu?

a) Os polvos eram burros demais para aprender algo tão simples.

b) Os polvos ficaram bravos e tentaram estrangular o cientista com seus longos e nojentos tentáculos.

c) Eles aprenderam o truque rapidamente, mas depois de alguns dias se entediaram e começaram uma greve.

Respostas: 1b) O carro tinha alavancas para controlar o movimento e um pedal de acelerador para o cavalo pisar. Este operava o volante de direção com o focinho. Mas não deixaram o cavalo pegar estrada! **2c)** É óbvio que eles acharam que os jogos eram coisa de macaco! **3c)** Espantoso, mas verdadeiro. O cachorro, um airedale terrier de três anos chamado Rolf, foi testado por um grupo de cientistas que concluiu que suas habilidades eram reais. Que tal possuir um bichinho assim? **4c)** Elefantes também desenham na areia com suas trombas, mas são apenas rabiscos sem sentido. **5a)** Chimpanzés compreendem que a imagem que veem no espelho é seu reflexo. Já macacos tentam tirar a tinta do espelho, porque não são tão inteligentes quanto os chimpanzés. Como você acha que seu professor reagiria numa manhã de segunda-feira? **6a)** Mas isso não é nada. O quebra-nozes norte-americano consegue esconder até 33 mil sementes e depois encontrá-las. **7c)** Eles quebraram a alavanca, jogaram água no cientista e se recusaram a participar de outros testes.

Aposto que você não sabia!

Nem todos os animais são inteligentes. Alguns cientistas acreditam que o animal mais estúpido do mundo é o peru. Perus morreram de medo ao ver papel voando no vento. Outros tiveram fins terríveis, por gripes e afogamentos, porque foram muito estúpidos para procurar abrigo quando começou a chover.

> É, MAS SE ENTRARMOS NO ABRIGO, COMO VAMOS SABER QUE A CHUVA PAROU?

Sentimentos animais

Durante muitos anos, os cientistas acreditaram que animais não possuíam sentimentos como medo, raiva e orgulho. Mas recentemente eles começaram a estudar esse tópico intrigante e chegaram a alguns resultados assustadores. Por exemplo, bebês de elefantes têm pesadelos. Bebês que viram seus pais ser mortos por caçadores acordam chorando à noite. E, quando crescem, esses elefantes às vezes atacam humanos, como se procurassem vingança. Será que é porque "nunca esquecem"?

Também dizem que elefantes choram. Conta-se uma história sobre um elefante de circo que irrompeu em lágrimas quando o cruel treinador bateu nele. Crocodilos também choram, mas é só uma forma de se livrar do excesso de sal. É por isso que se fala que alguém está chorando "lágrimas de crocodilo" quando finge que está triste.

TEM CERTEZA DE QUE ESSAS NÃO SÃO LÁGRIMAS DE CROCODILO?

Animais podem ficar alegres. Supõe-se que os gorilas cantem quando estão de bom humor. Um gorila cantando soa igual a um cachorro ganindo, de modo que não alegra ninguém além dele mesmo. Bodes dançam e pulam de alegria quando estão felizes. No lugar de dizermos "feliz como um coelhinho", talvez devêssemos dizer "feliz como um bode".

Então, é oficial: animais têm sentimentos. Mas, mesmo que não os tivessem, ainda assim seriam sensíveis, porque eles têm sentidos incríveis. Sentidos de que necessitam para conseguir sobreviver em seus *habitats* naturais. Mas como eles se comparam com os humanos? Será que dá para comparar?

SENTIDOS SENSACIONAIS

SENTIDOS ANIMAIS	SENTIDOS HUMANOS
SUPEROLFATO Quando você anda descalço, seus pés deixam 4 bilionésimos de grama de suor em cada pegada. Para um cachorro isso fede igual a um par de meias velhas que não são lavadas há um mês.	**NÃO CHEIRA MUITO BEM** O olfato humano é 1 milhão de vezes mais fraco que o do cão. *MESMO QUE SEU NARIZ SEJA DUAS VEZES MAIOR!*
OLHOS DE ÁGUIA Uma águia-dourada consegue enxergar um coelho no chão a 3,2 km de distância.	**OLHOS CANSADOS** Alguns humanos tropeçam em coelhos.
UM GOSTO AMARGO NA BOCA Os horríveis bagres, que habitam o fundo dos rios da América do Sul, possuem 100 mil papilas gustativas em sua língua. É assim que conseguem encontrar comida na lama.	**MAU GOSTO TOTAL** Humanos têm apenas 8 mil papilas gustativas — metade das de um porco. (Isso pode explicar por que porcos não gostam da comida da escola, mas alguns humanos, sim.)

ESCUTE AQUI...
1. A orelha de um cachorro tem 17 músculos. Assim ele consegue virá-la em qualquer direção.
2. Um tipo de morcego da Califórnia, EUA, consegue ouvir os passos de insetos.

COMO É QUE É?
1. Humanos têm apenas 9 músculos na orelha, e a maioria das pessoas nem consegue mexer as orelhas.
2. Você consegue?

NÃO!

UM TOQUE DE MAGIA
Focas usam seus bigodes ultrassensíveis para captar pequenos movimentos na água provocados por outras criaturas.

NÃO ME TOQUE!
Bigodes humanos nem mesmo se mexem.

É VERDADE!

SENTIDOS ESTRANHOS
1. Animais podem prever terremotos. O cientista alemão Ernst Killian descobriu que cachorros começam a uivar vários minutos antes que o tremor comece.

2. O peixe-faca americano produz um sinal elétrico 300 vezes por segundo. Isso cria um campo de força em volta do animal. Uma perturbação no campo avisa o peixe de que outra criatura está por perto.

SEM SENTIDO
1. Os pobres humanos não conseguem prever terremotos com precisão, nem usando sofisticados instrumentos científicos.
2. Hã...

TÁ, VOCÊ GANHOU!

Desafio VOCÊ a descobrir sozinho... como os gatos enxergam no escuro?

Você vai precisar de
1 lanterna
1 gato
1 quarto escuro

Como fazer
Deixe que o gato se acostume com o escuro por alguns minutos. Acenda a lanterna e ilumine os olhos do gato. O que você observa?

a) O gato não percebe a luz.
b) Os olhos do gato refletem a luz.
c) Os olhos do gato ficam vermelhos, brilhando como os de um vampiro.

ESMAGA! RAIOS!*

* LEMBRE-SE DE TIRAR DO CAMINHO A TIGELA COM A COMIDA DO GATO.

Resposta: b) O gato tem uma camada de células no fundo do olho que funciona como um espelho. Ela reflete a luz para dentro do globo ocular, o que lhe permite enxergar melhor no escuro.

Galeria da Fama do Saber Horrível:
Karl von Frisch (1886-1982).
Nacionalidade: austríaca.

Karl era filho de um rico professor austríaco. Ele passou a infância num velho moinho que seu pai estava recuperando e fez amigos entre a fauna local. Ao crescer, tornou-se um naturalista famoso, que descobriu como as abelhas passam mensagens através de pequenas danças. A seguir, conheça uma de suas investigações mais nojentas. Você conseguiria resolver esse problema tão facilmente?

Você conseguiria ser um naturalista?

O professor Otto Korner, da Universidade Rostock, dissecou peixes e descobriu que seus ouvidos não funcionavam como os dos humanos. Então ele supôs que os peixes eram surdos. Para provar sua hipótese, colocou alguns peixes num tanque e assobiou para eles. Os bichos o ignoraram.

Para provar definitivamente sua teoria, Otto convidou uma famosa cantora para dar um concerto particular... para os peixes. Ela entoou suas árias de ópera num tom ensurdecedor, mas ainda assim os peixes continuaram indiferentes.

Karl von Frisch interessou-se pela pesquisa e fez seus próprios testes. Imagine-se no lugar de Frisch. O que acha que descobriria?

a) Não há dúvida, peixes são surdos como portas.
b) Não seja tolo. Isso só prova que peixes não gostam de música clássica.
c) Peixes podem ouvir, mas só se interessam por sons relacionados a coisas importantes, como comida.

E então, será que eles ouvem?

> **Resposta: c)** Karl vendeu um bagre infeliz e agitava toda vez que punha comida em seu nariz. O peixe apanhava a comida com a boca. Um dia Karl agitou sem colocar a comida. O peixe reagiu, repetindo o movimento para apanhar a comida. Os cientistas chamam essa reação de reflexo condicionado. O peixe aprendeu que o agito anunciava a hora da refeição.

A maioria dos animais não é totalmente besta. E o que eles nos diriam se pudessem falar? Bem, animais PODEM falar... de certa forma.

Rosnados, uivos e rugidos

A maioria dos animais se comunica uns com os outros para transmitir ameaças ou dizer que são amistosos. Mas criaturas como papagaios conseguem falar igual aos humanos. Cientistas dizem que eles apenas copiam o som da voz humana, que não sabem o que estão dizendo. Ou sabem?

Animais realmente podem falar?
Veja este exemplo e decida você mesmo.

Um pássaro de boca grande
Durante doze anos, a partir de 1965, o prêmio para Melhor Ave Falante do Festival Nacional de Pássaros foi conquistado por um papagaio africano cinzento chamado Prudle. Ele sabia mais de 800 palavras e até construía frases. Isso espantou os cientistas, que acreditavam que papagaios só copiavam o que os humanos dizem.

Que papagaio esperto!

Em 1980, a dra. Irene Pepperburg, da Universidade Purdu, Indiana, EUA, publicou um relatório sobre sua pesquisa com Alex, um papagaio africano cinzento. O esperto pássaro conseguia pedir coisas, como um pedaço de papel para limpar o bico. Ele sabia o nome de cores e formas e até mesmo disse à dra. Pepperburg que se sentia muito mal quando perdia as penas para a muda.

Sinais de sabedoria

Em 1966, cientistas americanos começaram a ensinar a linguagem de sinais dos surdos para alguns chimpanzés. Um dos primeiros a aprender foi uma fêmea chamada Washoe.

Certo dia, um pesquisador disse a Washoe que ele vira um grande cachorro negro, com dentes afiados, que comia bebês de chimpanzés. Depois perguntou a Washoe se ela queria sair. "NÃO!", ela sinalizou, nervosa. Depois disso, sempre que os cientistas queriam que Washoe entrasse, eles lhe diziam que tinham visto o cachorro.

Apesar de cair nesse truque bobo, Washoe mostrou que aprendia rapidamente. Ela ficou tão boa na linguagem de sinais que até inventou suas próprias palavras, como "fruta de beber" (melão) e "pássaro d'água" (cisne).

> ELA DISSE: "SUA CABEÇA PARECE UM MELÃO".

Washoe deu à luz um bebê, mas infelizmente este ficou doente e morreu num hospital veterinário. Os cientistas foram lhe contar o que aconteceu.
– Onde está o bebê? – perguntou a símia.
– O bebê morreu – respondeu um dos pesquisadores.
A pobre mãe retirou-se para um canto e não "conversou" com ninguém durante vários dias.
Em 1979, Washoe adotou um chimpanzé bebê e começou a lhe ensinar a linguagem de sinais. Bem, como se fala, é bom conversar!

> ELA ESTÁ DIZENDO A ELE QUE SE NÃO JANTAR ELA VAI CHAMAR O CACHORRÃO NEGRO!

Fale por você mesmo

É claro que quando os animais conversam entre si não usam linguagem humana. Eles têm suas próprias formas de comunicação, que podem ser bem complicadas. Será que você consegue aprender?

APRENDA NOVAS LÍNGUAS SOZINHO

Enriqueça suas férias conversando com a fauna. Agora você pode aprender como fazê-lo na intimidade de seu lar. Só com os nossos cursos!

A LÍNGUA DAS BALEIAS

Divirta-se a valer aprendendo a cantar como uma baleia. Aprenda a alterar sua canção para se dirigir a uma fêmea. Pratique sons ultragraves, que podem ser captados por baleias a centenas de quilômetros. Tenha cuidado, contudo, pois ninguém sabe o que esses sons significam. Vamos esperar que as baleias não fiquem muito animadas quando você cantar para elas.

AVISO IMPORTANTE
Baleias conseguem cantar embaixo d'água, fazendo sons no espaço vazio dentro de suas cabeças. Humanos não conseguem fazer o mesmo, portanto não tente cantar embaixo d'água.

BALEIA ASSASSINA

SOCORRO!

LÍNGUA DOS GOLFINHOS

Descubra como bater papo com seus amigos nadadores.

GUINCHO = ESTOU COM MEDO
VÁRIOS ASSOBIOS = ESTOU SOZINHO
BATER A MANDÍBULA = VÁ EMBORA
CLIQUES = HÁ COMIDA POR PERTO
BATER A CAUDA = ESTOU BRAVO DE VERDADE

GOLFINHO TUBARÃO

DEIXE-ME VER... GUINCHO É...

LÍNGUA DE GORILA
Já desejou papear com um gorila?
Aprenda algumas palavras para começar!
URAAGH! = PERIGO!
GRUNHIDO = COMPORTE-SE
(USADO POR GORILAS ADULTOS
COM SEUS FILHOTES)
ESPÉCIE DE LATIDO = ESTOU CURIOSO
RU, RU, RU = CAIA FORA!
BATER NO PEITO = EU MANDO AQUI

RU, RU, RU!

URAAGH!

LÍNGUA DE LAGOSTA
Você vai precisar de um pente e um dedo. Ganhe um pente quando comprar este curso! Mas vai ter de usar seu próprio dedo. Lagostas raspam suas antenas contra a carapaça.
RASPAR DEVAGAR = É SEGURO SE ALIMENTAR
RASPAR RAPIDAMENTE = PROTEJA-SE, TUBARÃO POR PERTO!

QUEM É ESSE MALUCO ME DIZENDO QUE É SEGURO SE ALIMENTAR?

AVISO DO FABRICANTE
PARA EVITAR CENAS DESAGRADÁVEIS, NÃO PRATIQUE SEUS SONS ANIMALESCOS NA HORA DAS REFEIÇÕES EM FAMÍLIA. IMITAÇÕES DE ANIMAIS DE FAZENDA ESTÃO PROIBIDAS!

ÓINC, ÓINC!

GOSTARIA QUE ELE NÃO COMESSE COMO UM PORCO!

Aposto que você não sabia!

Alguns dos sons mais altos de animais são emitidos pelo bugio (tipo de macaco) sul-americano. Seus gritos ao nascer do sol avisam outros bugios para se manter fora do seu território. Os uivos podem ser ouvidos a 2 km de distância e, infelizmente, podem atrair o gavião-real. Esse pássaro enorme consegue agarrar o bugio com suas garras e despedaçá-lo.

Você conseguiria ser um naturalista?

O macaco jangano, do Quênia, tem gritos de alarme diferentes para leopardos, águias e cobras. Um naturalista tocou esses gritos para os macacos. O que você acha que eles fizeram?

a) Taparam as orelhas com os dedos e ignoraram os sons.
b) Agiram como se esses animais perigosos estivessem por perto.
c) Jogaram frutas podres no toca-fitas.

NÃO GOSTEI DESSA... TEM ALGUMA DO MICHAEL JACKSON?

Resposta: b) Alarme de leopardo: os macacos subiram nas árvores. Alarme de águia: os macacos se protegeram sob as árvores. Alarme de cobra: os macacos examinaram os arbustos.

Personagens coloridos

Alguns animais se comunicam sem dizer uma palavra ou fazer qualquer som. (Alguns adultos também acreditam que as crianças conseguem fazer isso!)

1. O peixe tília, do Oceano Índico, fica cinza-escuro quando quer briga. Mas se perder fica branco – talvez de medo!
2. Quando o tília macho está a fim de uma fêmea, sua cabeça fica marrom, a mandíbula branca e as nadadeiras vermelho-sangue.
3. Alguns humanos assumem um interessante tom de roxo quando estão com raiva. Sabia que os polvos fazem algo semelhante? Só que nada tão drástico. Um polvo enfurecido assume um belo tom de rosa.

4. O caranguejo chama-maré fica vermelho quando está com raiva, torna-se preto quando sente medo e assume um tom de roxo muito atraente quando encontra uma caranguejo fêmea que o interesse.

Se você não consegue mudar de cor, pode deixar claro o que sente pela expressão no rosto. Pássaros, répteis e peixes não conseguem fazer caretas, mas os mamíferos, sim. Todos já vimos aquela expressão terrível no rosto do professor. Mas você sabia que os macacos também fazem caretas? O famoso naturalista Charles Darwin estudou esses rostos fascinantes.

Galeria da Fama do Saber Horrível:
Charles Darwin (1809-1882).
Nacionalidade: britânica.

Charles Darwin quase desistiu da ciência ainda muito novo. Na escola, os interesses científicos não eram encorajados, e certa vez disseram ao jovem Charles que não "desperdiçasse tempo" em experiências químicas. Anos mais tarde ele escreveu:

> A ESCOLA, COMO MEIO DE APRENDIZADO, FOI SIMPLESMENTE INÚTIL PARA MIM.

Que tal usar essa citação com seu professor?

Mas Charles dedicou-se a seus interesses científicos e em 1858 anunciou sua "Teoria da Evolução". Estudos de ossos fósseis mostravam que os animais antigos eram diferentes dos atuais. Sua teoria surgiu para explicar essas mudanças. Darwin sugeriu que:

1. Alguns animais sobrevivem e outros são devorados. (Espantosa descoberta, essa.) Naturalistas chamam a esse negócio de "sobrevivência do mais apto". Bem, você tem de ser muito apto para escapar de um tigre faminto.
2. Os animais de uma espécie são todos um pouco diferentes entre si. (Você é um pouco diferente dos outros na sua classe, não é? Até um professor consegue diferenciá-lo de seus colegas.)

> É, JOÃOZINHO, VOCÊ É UM POUQUINHO DIFERENTE DOS OUTROS ALUNOS.

3. Alguns animais da espécie têm características que lhes conferem melhores chances de sobreviver. Por exemplo, um pássaro como o bacurau. Ele é ativo à noite e descansa durante o dia no solo. Alguns bacuraus têm melhor camuflagem que outros. E você vai gostar de saber que eles passam sua coloração para as crias.

4. Depois de um tempo, os bacuraus camuflados são maioria, porque os outros bacuraus são mais facilmente localizados e atacados por felinos.

5. Isso explica por quê, depois de milhões de anos de evolução, cada animal mudou de aparência e está bem adaptado à sua forma de vida. Ou se adaptou ou morreu.

A princípio, muitas pessoas ficaram horrorizadas com a ideia de Darwin de que os humanos e os macacos possuíam ancestrais comuns. Mas hoje a teoria de Darwin é aceita por muitos cientistas, que continuam a estudar a evolução.

POR EXEMPLO, O DODÔ NÃO SOBREVIVEU PORQUE:
1. NÃO PODIA VOAR
2. ERA FÁCIL DE SE PEGAR
3. ERA SABOROSO

Macacada
Zoológico de Londres, 1850

Os visitantes olhavam, horrorizados, para a jaula.

– Você acha que ele deveria estar aí? – a jovem perguntou, agarrando o braço do homem ao seu lado.

– Claro que não, querida – ele respondeu. – Tais palhaçadas deveriam ser reprimidas pelas autoridades.

Um homem mais velho se juntou a eles, em frente à jaula do macaco.

– É uma desgraça – resmungou. – Esse Darwin deveria ser preso!

Dentro da jaula, Charles Darwin, o eminente naturalista, estava de quatro, produzindo sons estranhos, numa tentativa de fazer amizade com um jovem orangotango. Este guinchava e saltava de alegria.

Darwin tentou mandar beijos para o macaco. Para espanto de todos, inclusive de Darwin, o orangotango mandou um beijo de volta. O Sr. Darwin tinha feito um novo amigo.

– Ah! – fez Darwin para si mesmo, ainda sem saber que era observado. – Muito interessante.

Parando apenas para rabiscar observações em sua caderneta, o naturalista mostrou um espelho ao macaco. Mais uma vez, o animal beijou o ar, com alto estalo dos lábios. Depois ele olhou atrás do espelho, procurando encontrar outro orangotango.

– Enganei você – riu o naturalista.

Os visitantes começaram a se afastar, lançando olhares de desgosto para a jaula. Mas Darwin não se importava. Ele tinha provado que os macacos fazem caretas para se comunicar, e, como estava para descobrir, nós, humanos, não somos muito diferentes.

Então Darwin voltou suas atenções para seu filhinho, William. O naturalista começou a engatinhar junto com o bebê, balançando um chocalho para provocá-lo.

Ele descobriu que os bebês não aprendem a sorrir ou franzir o rosto – eles simplesmente sabem como fazer. Isso é chamado de "instinto". Darwin, então, enviou questionários para colaboradores em outros países e confirmou que as pessoas sorriem e franzem o rosto da mesma forma em todo o mundo. Esse é um modo natural de os humanos se comunicarem, seja qual for seu idioma. Essa foi uma grande descoberta, que começou com uma macacada.

Desafio você a descobrir... como conversar com um macaco!

Aqui estão alguns gestos que lhe podem ser úteis no caso de você se ver face a face com um macaco. Pratique-os em frente a um espelho (mas não durante a aula de ciências).

1. Expressão de beijo

Significado: ajude-me, sou amigo.
Observação: se um macaco faz essa expressão, é boa ideia imitá-lo. Esperamos que você não tenha de, efetivamente, beijar o macaco.

2. Estalo de lábios

Significado: eu amo você e quero comer os carrapatos e pedaços de pele morta no seu pelo.
Observação: macacos fazem isso com amigos. Então, se estalar seus lábios para um macaco, é bom estar sendo sincero.

3. Bater os dentes

Significado: SOCORRO! Estou com medo!
Observação: alguém mais provoca essa reação em você?

Desafio você a descobrir... como "falar" com seu cachorro/gato de estimação!

Se não possuir um macaco de estimação, você pode tentar as expressões a seguir com um cachorro ou gato.

1. OLHOS
Piscando: estou aborrecido.

2. FACE FRANZIDA
Sobrancelhas baixas e olhos semicerrados: perigo à frente.

3. CRIATURA ENFEZADA
Sobrancelhas baixas, mas olhos arregalados: não gosto de você. Observação: é extremamente indelicado encarar um cachorro ou gato. Ele pode ficar incomodado e, se for maior que você, pode querer lhe arrancar um pedaço.

4. ORELHAS
Orelhas de lado: estou descansando.
Orelhas agitadas: estou para atacar.

Orelhas caídas: eu me rendo!

5. BOCA

Boca aberta sem mostrar os dentes: vamos brincar.

Boca bem fechada: estou tranquilo.

Dentes da frente expostos: eu mando aqui.

Todos os dentes expostos: você manda, mas não gosto de você e vou pegá-lo um dia em que me sentir mais corajoso.

OBSERVAÇÃO IMPORTANTE: é melhor você "conversar" de forma agradável com seu bichinho, senão ele pode ir embora. Sabe como é, alguns animais têm uma terrível necessidade de largar tudo e ir viajar.

ESPEREM!

Viagens horríveis

Da mesma forma que os humanos, alguns animais gostam de viajar, enquanto outros preferem ficar sossegados num lugar. Mas os animais não viajam para se divertir. Ah, não. Eles saem para procurar comida, abrigo ou um(a) companheiro(a) para acasalar. E algumas de suas viagens são horríveis. Felizmente, alguns animais não fazem muito caso sobre onde se hospedam.

Uma jornada nojenta

Pense na mais terrível, quente, fria ou PIOR viagem que você já fez. Agora, imagine a mesma viagem com tudo e todos em tamanho gigante, a não ser você. E por perto há sempre criaturas famintas esperando para atacar... Ficou com medo? O mundo é assim para um animal de pequeno porte viajando.

Espantosamente, alguns animais fazem jornadas enormes e ainda conseguem encontrar o caminho de volta para casa. Impossível? Veja a história a seguir.

Até 1952 o diretor de escola Stacey Wood morou na Califórnia, EUA. Naquele ano ele se aposentou e foi viver numa fazenda em Oklahoma, a 3.000 km de distância. Toda a família foi junto, a não ser o gato, Sugar, que foi dado para os vizinhos. Um ano depois um gato apareceu na nova casa da família Wood. Estava magro, sujo e... nojento, como se tivesse passado por uma viagem longa e desesperada.

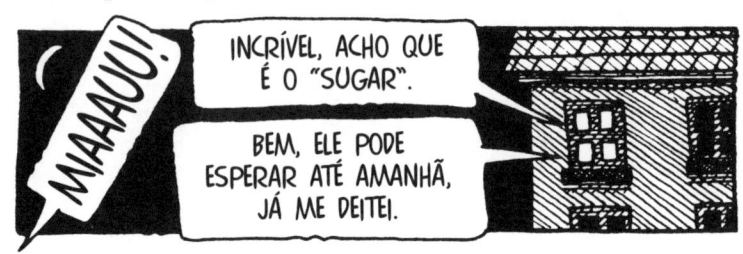

MIAAAUU!

INCRÍVEL, ACHO QUE É O "SUGAR".

BEM, ELE PODE ESPERAR ATÉ AMANHÃ, JÁ ME DEITEI.

Surpreendentemente, contra todas as possibilidades, o recém-chegado era realmente Sugar, que havia desaparecido algumas semanas depois que a família deixara a Califórnia. Durante um ano inteiro, o corajoso bichano tinha viajado através dos Estados Unidos para encontrar sua família. E até hoje ninguém sabe como Sugar conseguiu sua proeza.

Outros animais também são brilhantes para encontrar caminhos. Veja os pombos, por exemplo.

Pombo poderoso

Você pode achar que o pombo é uma ave de aparência estúpida, com cabeça pequena e cérebro de passarinho. É claro que você tem razão. Mas, quando o assunto é viagem, pombos e muitos outros pássaros são gênios geográficos.

- VISÃO INCRÍVEL
- CÉREBRO QUE ENCONTRA OS CAMINHOS
- AUDIÇÃO SUPERSÔNICA
- ESPANTOSA CAPACIDADE DE VOAR
- PEITO GRANDE E FOFO

1. Pombos conseguem voar o dia todo a velocidades acima de 112 km/h e cobrir 1.120 km sem ficar cansados.
2. O cérebro do pombo contém cristais magnéticos sensíveis ao campo magnético da Terra, o que lhe permite saber onde fica o norte e qual a direção de casa. Isso foi provado em 1970, quando um cientista amarrou um ímã na cabeça de um pombo. O ímã confundiu os cristais do pombo, e o coitado se perdeu.
3. Da mesma forma que outros pássaros que voam por longas distâncias, os pombos conseguem reconhecer pontos de referência e usam a posição do Sol e das estrelas para se orientar. Eles conseguem até ver raios de Sol quando este fica atrás das nuvens.

4. Como se isso não fosse suficiente, os pombos têm a habilidade de ouvir sons de frequência muito baixa, inaudíveis ao ouvido humano. Por exemplo, um pombo pode ouvir ondas arrebentando numa praia a centenas de quilômetros. É assim que eles encontram o caminho para o mar.
5. Com todas essas habilidades incríveis, você não vai se espantar de saber que um pombo-correio que vence campeonatos vale seu peso em ouro. Emerald, uma ave campeã, foi vendida em 1988 por 128 mil dólares, e cada um de seus ovos valia 4 mil dólares. Quebre alguns deles e você poderá fazer a omelete mais cara do mundo.

> ALGUÉM SABE O QUE ACONTECEU COM OS OVOS QUE EMERALD PÔS ONTEM?

Mas pombos são apenas uma espécie dentre as muitas de pássaros que voam alto e por longas distâncias. Muitas aves migram ou viajam de uma área para outra todos os anos. Elas fazem isso porque têm uma forte necessidade de voar em certa direção para encontrar mais comida ou condições melhores para pôr os ovos. Mas os cientistas não compreendem exatamente como e por que os pássaros executam essa empreitada. Você gostaria de férias assim?

TURISMO VOE BEM

VIAGENS GAIVÃO
Voe pelo ensolarado sudeste africano. Fuja do tempo ruim! Voos sem parada com lanches a bordo — peque você mesmo alguns insetos crocantes pelo caminho. Exclusivo sistema de banho: apenas passe por uma nuvem de tempestade. Aviso aos passageiros: a viagem cobre 19.200 km sem escalas. Nem mesmo para usar o banheiro.

VOE ALBATROZ-GIGANTE!
A Antártida é o único continente que o homem ainda não estragou. Agora você pode voar ao redor de sua maravilhosa costa à procura de peixe. Aprecie vistas panorâmicas durante um voo deliciosamente suave. Seu piloto albatroz-gigante pode planar durante seis dias sem bater as asas uma vez sequer. Refeições a bordo incluem peixe cru de dar água na boca, com aquele gostinho de "pescado na hora".

EXCURSÕES ANDORINHA-DO-MAR
Férias diferentes. Garantia de tempo bom. Isso mesmo, você pode ter certeza de que todos os dias serão belos! Fuja do verão no hemisfério norte voando direto para a ensolarada Antártida, onde os dias são mais quentes nessa época do ano. E volte para o Ártico no verão. Deliciosas refeições à base de peixe durante todo o caminho.

As mais nojentas jornadas animais

Outros animais, além de pássaros, também migram. Suas jornadas são cheias de dificuldades e perigos. Veja alguns dos exemplos mais nojentos. Você gostaria de viajar com essa turma?

Anfíbios

Todos os anos, milhares de sapos intrépidos retornam aos lagos onde nasceram, quando então se chamavam girinos. Fazem isso para se acasalar e pôr ovos. Infelizmente, com frequência tentam atravessar estradas sem olhar e acabam esmagados por carros. Às vezes, quando chegam ao destino, descobrem que os humanos secaram seu lago. Em certos lugares, contudo, naturalistas construíram túneis sob as estradas para que a fauna viajante possa atravessar em segurança.

VAMOS USAR ESTA PASSAGEM AÉREA ATÉ QUE O TÚNEL ESTEJA PRONTO.

Cobras cabreiras

Todos os anos, 20 mil cobras de uma espécie canadense serpenteiam 16 km de sua residência de verão, nos pântanos da província de Manitoba, para seus refúgios de inverno, em covas de pedra. Ao fim do inverno, elas retornam para os pântanos. Nada muito nojento nisso, desde que você não se incomode com a visão de milhares de cobras. As cobras gostam de pegar atalhos através da casa das pessoas e, muitas vezes, acabam dando uma olhada no jantar.

Lemingues lelés

Lemingues são animaizinhos peludos que correm alegremente pela neve do Ártico. Mas a cada três ou quatro anos as coisas ficam difíceis. Um aumento rápido da população de lemingues provoca a falta de comida para todos. Assim, esses bichinhos formam um exército enorme e atacam tudo em seu caminho, incluindo humanos. Eles fazem coisas malucas, como tentar atravessar rios largos. Aonde eles vão? Os próprios lemingues não sabem. Existe uma velha história em que os lemingues se jogam do alto de penhascos durante essas migrações, mas não é verdade. Isso seria muita loucura, até mesmo para um lemingue!

A terrível viagem das tartarugas

Todos os anos, tartarugas-aruanãs nadam para a Ilha Ascensão, no Oceano Atlântico, para pôr seus ovos. Ninguém sabe por que elas vão até lá, mas a ilha possui alguns animais grandes que tentam comer as tartarugas. Infelizmente, as dimensões da ilha são de apenas 13 km por 9 km, e algumas aruanãs têm de nadar 2.080 km para chegar lá. Para piorar, a velocidade máxima das tartarugas fatigadas é de apenas 3 km/h.

> VOCÊ FOI LONGE DEMAIS. ESTE É O PACÍFICO.

Uma viagem sem volta

Por quinze anos, a enguia europeia nada faz, a não ser se revirar em lagos e rios lamacentos. De vez em quando ela abocanha um peixe desavisado, e essa é toda a sua diversão. Um belo dia a enguia começa a se sentir mal. Ela muda de cor, de amarelo para prateado, e seus olhos incham. O nariz cresce e se alonga. Então, a enguia sente um impulso irresistível de nadar até o mar. Esse sentimento é tão poderoso que ela é capaz de serpentear sobre terra seca para chegar ao rio mais próximo. Ela nada a distância que for necessária para chegar ao mar e, depois, mais 4.000 km até o mar de Sargaços, vasta área de alga marinha no Oceano Atlântico.

Quando chega lá... a exausta enguia morre. Você pode achar que foi um desperdício de energia, mas pouco antes de morrer ela se acasala. Seus filhotes, umas coisinhas transparentes, iniciam a jornada de volta para casa. Sem nenhuma ajuda, conseguem chegar aos rios e lagos na Europa.

E sabe o quê? Ninguém faz ideia de como as enguias desenvolveram esse estilo de vida ou como se orientam durante suas misteriosas migrações.

Não importa quão longe tenha de ir, o corpo de todo animal é adequado às suas necessidades. É por isso que golfinhos têm nadadeiras, pássaros têm asas e sapos são grandes saltadores.

Desafio VOCÊ a descobrir... é tão bão quanto um gibão? (digo, tão bom quanto um gibão?)

Como é o seu desempenho na braquiação? Se sua resposta for "quem, EU?! Meu irmão talvez já, e meu amigo, mas EU NÃO!", saiba que braquiação significa pular de galho em galho. É uma forma perigosa de chegar à escola. Mas gibões braquiam o tempo todo. Isso não é nenhuma surpresa, pois o gibão é um macaco que vive no sudeste asiático.

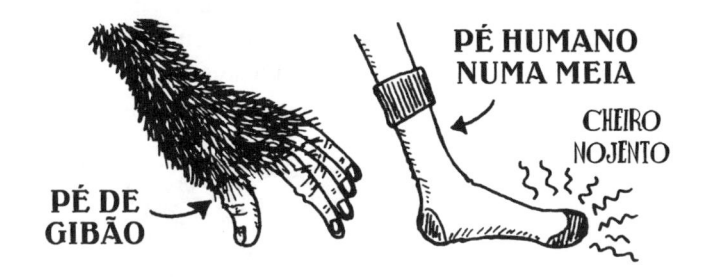

PÉ DE GIBÃO

PÉ HUMANO NUMA MEIA

CHEIRO NOJENTO

Veja qual é o segredo deles:
Veja este pé de gibão. Agora compare com seu pé direito (ajuda se você tirar a meia). O que você percebe?
a) Nada. Meu pé é exatamente igual.
b) O dedão do gibão se parece mais com o polegar da minha mão.
c) Os dedos do gibão são mais compridos.

Resposta: b) Ao contrário dos seus pés, os de um gibão não são muito adequados para caminhar no chão. Mas são muito bons para agarrar galhos pequenos. Você consegue fazer isso com o dedão do pé? Gibões têm braços mais longos e músculos mais fortes nos ombros, para se jogar de um galho para outro.

Chega uma hora, contudo, que todo animal pensa em casa – da mesma forma que você ao final de um dia duro na escola. Mas, para um animal, "casa" não é um lugar para assistir à TV e jogar no computador. É um local para armazenar comida, criar os filhotes e se proteger de criaturas maiores e ferozes. Aposto que você não se sentiria em casa em nenhum dos lugares a seguir.

Lar, nojento lar

1. O sapo australiano branco é uma criaturinha amistosa que está sempre com um sorriso na cara viscosa. Esse alegre saltador fica muito satisfeito em seu lar predileto: a caixa-d'água do vaso sanitário. (Antes da invenção do vaso sanitário, esses sapos viviam em lagos fedidos.)

AAAARGH! TEM UM SAPO NA PRIVADA!

2. Tartarugas mordazes da América do Norte sentem-se em casa em lagos de água parada e malcheirosa ou em esgotos fedidos. É má ideia ir passear nesses locais (como se alguém fosse!). As tartarugas mordazes escondem-se no fundo e adoram dedinhos humanos no lanche.

> NÃO SE PREOCUPE — NADA SOBREVIVERIA NUM LUGAR PARADO E MALCHEIROSO COMO ESTE...

3. Polvos vivem em qualquer objeto oco no fundo do mar. Eles não são especialmente exigentes. Para um polvo pequeno, qualquer crânio humano é aconchegante como um lar.

> CREDO!

4. Águias constroem grandes ninhos de galhos no topo das árvores. Infelizmente, elas também os fazem em torres de eletricidade. Às vezes uma dessas aves toca um cabo eletrificado e acaba frita.

5. Andorinha-de-caverna é uma ave que mora, por incrível que pareça, em cavernas. Ela faz seus ninhos de plantas grudadas com... cuspe, que forma uma cola poderosa. Acrescente a isso frango e temperos e terá preparado o tradicional prato chinês "sopa de ninho". O engraçado é que as andorinhas-de-caverna comem algo parecido. Elas alimentam seus filhotes com bolas de insetos grudados com esse cuspe para uso geral. Delícia!

É claro que nem todos os animais constroem a própria casa. É muito trabalho. Alguns vão viver na casa dos outros animais. Veja o cão de rabo preto, da América do Norte. São criaturas parecidas com esquilos, que cavam um labirinto de túneis para morar. Alguns desses sistemas de túneis são enormes, com até cinquenta entradas. Logo hóspedes indesejados aparecem, como corujas, esquilos, salamandras, ratos, furões e até mesmo cascavéis.

E essa não é a única maneira pela qual animais tiram vantagem uns dos outros. Alguns fazem coisas nojentas, do tipo: comer o anfitrião vivo ou sugar seu sangue. Eca! Continue lendo, se tiver coragem...

O PRÓXIMO CAPÍTULO É REALMENTE NOJENTO!

(DEVORA) (ARROTA) (CHUPA) (BELISCA) (BICA) (MASTIGA)

Bonitos e nojentos: ajudantes e companheiros

Quando animais diferentes se juntam, coisas acontecem. Boas e más. Alguns animais ajudam os outros, enquanto certas criaturas são apenas companheiras. Mas outras tentam conseguir vantagens à custa dos colegas. (Conhece alguém assim na sua sala de aula?)

Ajudantes animais

A ideia de animais se ajudando soa estranha, não é? Mas não deveria. Afinal, nós possuímos cachorros e gatos, e até mesmo sapos e cobras de estimação. Eles nos fazem companhia, frequentemente mostram afeto e deixam montinhos de cocô no carpete. Em troca, nós os alimentamos e lhes damos casa. Outros animais, como cavalos e cães pastores, trabalham para nós em troca de, mais uma vez, casa e comida. Quando os animais se ajudam, isso é conhecido como simbiose.

OBRIGADO POR ME LIVRAR DESSES CARRAPATOS...

OBRIGADO PELO JANTAR!

OBRIGADO POR ME SOLTAR!

Aposto que você não sabia!

Animais criados por humanos às vezes têm bichos de estimação. Um dos macacos que aprenderam a linguagem dos sinais foi a gorila Koko. Ela era feliz, vivendo com a pesquisadora dra. "Penny" Patterson. Mas a gorila tinha um desejo. Mais do que qualquer coisa, ela queria um gatinho de estimação. Então, em 1984, a boa dra. Patterson lhe deu um.
Koko chamou seu novo bichinho de "Bola". Ela o tratava como um bebê e até o vestia com chapéus engraçadinhos e outras sobras de materiais. Koko estimulava o gatinho a lhe fazer cócegas. (A gorila gostava quando seus amigos humanos lhe faziam cócegas.) Quando Bola se comportava bem, Koko fazia sinais, dizendo que ele era um "bom gato macio". Vamos lá, todos juntos: "Aaaaaah! Que bonitinho!". Mas, se você gosta de finais felizes, não leia o próximo parágrafo. Logo depois, Bola foi atropelado e morreu. Buááá! A pobre Koko ficou desolada, e nada conseguia animá-la até a dra. Patterson lhe comprar um novo gatinho.

Amigos empenados

1. Existe um passarinho na África que aprecia cera de abelha e as larvas suculentas que rastejam nas colmeias. Mas o problema é como chegar até essas delícias. O mel é protegido por milhares de abelhas mal-humoradas.

Então o passarinho canta para atrair um texugo e voa em direção à colmeia.

O texugo aprendeu a seguir os sinais do pássaro. E as abelhas não conseguem picar a pele grossa do texugo enquanto este abre a colmeia com suas garras. E o pássaro aproveita para devorar os favos de mel.

2. Outro pássaro africano anda na garupa de hipopótamos, zebras e rinocerontes. Os animais não se incomodam. O pássaro come as moscas que infestam seu dorso. E ainda avisa quando humanos se aproximam. Se o animal não os percebe, o pássaro bate em sua cabeça com o bico.

Ajudando em casa

Algumas criaturas oferecem casa em troca de serviços prestados.

Para a maioria dos peixes, mexer com os tentáculos venenosos da água-viva é algo de que eles não se arrependem – porque não vivem o suficiente para tanto. Mas para um peixe a água-viva é seu lar. O Nomeus é um peixinho que vive entre os tentáculos da água-viva, protegido de seus perigos por sua pele muito viscosa. Ele mantém os tentáculos da água-viva limpos, e os peixes que tentam pegá-lo morrem vitimados por ela – e o peixinho ainda come as sobras.

OLHE AQUI, FEIOSO!

Um estranho casal divide uma toca confortável e arenosa no fundo do mar – o peixe gobião e o camarão cego. O camarão cava o buraco e o gobião o guia em busca da comida. O camarão posiciona sua antena na cauda do peixe. Se surge algum perigo, o gobião balança a cauda e os dois correm para casa.

Mas ajudar-se naturalmente e cuidar um do outro não é tudo o que os animais fazem. Alguns até limpam os outros. E existe uma grande variedade de limpadores disponíveis – se você não se importar em levar umas bicadas.

PÁGINAS AMARELAS
SERVIÇOS ANIMAIS

Ei, peixe, que tal lavar e escovar?

Deixe seu amigo labro, o peixe limpador, fazer o serviço sujo por você. Ele comerá aquele bolor nojento e todo o fungo de suas escamas, deixando-as como novas. Garantia de serviço personalizado e rápido.

QUASE PRONTO!

"O limpador labro conseguiu atender a uma fila de 300 peixes numa única sessão. Eu recomendo."
O. Tubarão (Oceano Pacífico)

AVISO!
A todos os clientes do Serviços de Limpeza Labro: CUIDADO COM IMITAÇÕES BARATAS! O peixe blênio tenta imitar o labro. Copiaram até a faixa de nossos corpos. Mas CUIDADO! Assim que eles conseguem se aproximar, abocanham um pedaço de seu corpo e fogem!

Serviço de escovação para badejos "gobião"

Você é um badejo com mau hálito? Oferta especial: deixe-nos limpar sua boca — sem custo! Vamos comer aqueles pedacinhos nojentos de comida apodrecida e deixar uma sensação de frescor em sua boca.

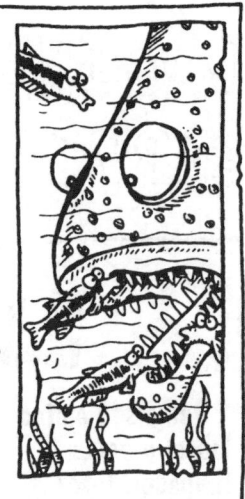

Crocodilos: sanguessugas são um problema?

Nada estraga mais uma boa refeição do que sanguessugas agarradas em suas gengivas, chupando SEU sangue. Mas nós, pássaros-paliteiros, acabamos com o problema. Apenas abra a boca e nós comemos suas sanguessugas. Incluímos, de graça, o serviço de alerta para perigo. Se nos ouvir chilrear, algum animal grande e feroz está por perto. Aí, é melhor mergulhar no rio!

Você conseguiria ser um naturalista?

Nos recifes de corais, a limpeza dos peixes é feita por camarões em áreas especiais conhecidas como "estações de limpeza". Um cientista retirou todos os camarões de uma dessas estações. Você consegue imaginar o que aconteceu em seguida?

a) Os peixes começaram a se bicar, numa tentativa infrutífera de se manterem limpos.

b) Nada. Os peixes não se incomodaram de ficar sujos.

c) Os peixes foram embora, em busca de outra estação de limpeza.

Resposta: c) Os peixes foram correndo, ou melhor, nadando, para a próxima estação.

Parasitas imprestáveis

Mas nem todas as criaturas são úteis. Algumas não prestam para nada. São conhecidas como parasitas – animais que não caçam sua comida, mas roubam-na de formas horríveis de outras criaturas. Os parasitas não retribuem nenhum favor às suas vítimas. Quais dos seguintes parasitas você menos gostaria de encontrar?

O pássaro fragata, da América Central, tem um método incomum de conseguir o almoço de graça. Ele espera até que outro pássaro pegue um peixe. Depois, persegue sua vítima e a força a vomitar sua refeição. Então, o nojento fragata abocanha o vômito em pleno ar. Como se isso não fosse o bastante, ele também rouba ovos e come filhotes de pássaros – incluindo bebês de fragata!

O chupim brasileiro é um pássaro que põe seus ovos no ninho de outras aves, geralmente do tico-tico. Quando nasce o filhote de chupim, este é alimentado pelos "pais adotivos", que não percebem nenhuma diferença. Nem mesmo quando o chupim cresce até o dobro do seu tamanho. (Será que seus pais perceberiam se você fosse trocado por outra criatura?) Depois de crescido, o chupim vai embora sem nem dizer "muito obrigado".

Lampreias do mar são peixes asquerosos que não têm boca nem dentes – apenas ventosas e presas –, e tudo o que querem é sugar o sangue de outros peixes.

Quer saber de uma coisa realmente assustadora? Existe algo que se esconde nas selvas tropicais da América do Sul que quase faz os outros parasitas parecer aceitáveis. Ah, sim, isso é muito, muito pior. Você quer saber do que se trata? Apague as luzes, feche as cortinas e aproxime-se do fogo. Aqui está um conto que vai fazer seu sangue gelar!

O que está comendo?

– Lembro-me como se fosse ontem – o velho sorriu, mostrando as falhas entre os dentes amarelados. As falhas faziam-no silvar enquanto falava. Parecia uma cobra.

– Mas quando isso aconteceu, vovô? – perguntou o garoto, com olhos arregalados como bolas de bilhar.

– Foi no Brasil, em 1927. Estávamos lá para estudar a fauna. Foi minha primeira vez numa selva. Lembro-me das coisas estranhas que via e cheirava. Os insetos zoando e os sapos coaxando nos pântanos úmidos e malcheirosos. A umidade esfriava o ar. A Lua, grande e redonda, se escondia atrás das árvores. Nós acampamos ao anoitecer. Acontece que na selva escurece muito rápido, e tivemos de acender a fogueira e montar as barracas sem pestanejar. Ordens do velho dr. Beebe. É o William Beebe, da Sociedade Zoológica de Nova York, líder da nossa expedição. E o dr. Beebe disse que deveríamos manter sempre os pés para dentro das barracas.

— Por que ele disse isso, vovô?
— Ora, por causa dos vampiros, é claro – silvou o velho.
— Vampiros? Você não está falando de vampiros de verdade, como o Conde Drácula? – a voz do garoto se elevou.
— Drácula não era um vampiro de verdade, Johnnie. Ele é uma lenda. Mas esta história é verdadeira. Tão verdadeira como eu, sentado aqui. Real como morcegos-vampiros.

O garoto engoliu em seco.

— *Morcegos!* E eles realmente mordem pessoas? – ele gaguejou.
— Claro que sim. E também animais, como vacas e cavalos. Nem tanto cachorros. Os cães conseguem ouvi-los se aproximando. Os morcegos vêm das árvores onde moram, silenciosos como fantasmas. Suas asas parecem feitas de couro velho, e têm orelhas enormes, com que ouvem tudo. Eles rastejam pelo chão para encontrar seus pés. Depois os lambem, para ter certeza de que são macios e gostosos. E é aí que eles *mordem*!

Nervoso, o garoto olhou por cima do ombro.

— Eles realmente sugam o sangue?
— Não, eles bebem o sangue, do mesmo jeito que gatos bebem leite. Pelo menos foi isso que o dr. Beebe nos contou. Ele ficava sempre falando dos morcegos. Bom, logo depois

eu acordei com um bruta susto. Estava dormindo pesado. De repente, senti uma dor aguda no dedão do pé; parecia uma agulha. Gritei, acordando. Suava em bicas. Estava escuro, mas havia lua e consegui divisar uma figura. Alguém. Alguma coisa.
– Não era o morcego?

– Não, parecia humano. Me deixou morto de medo, não me importo de lhe dizer isso. Meu coração batia como um tambor. Peguei a lanterna. Meus dedos estavam como um peixe escorregadio, mas consegui acender a luz, e sabe o que eu vi? O dr. Beebe. Ele estava abaixado ali, com uma bela agulha na mão. "Desculpe incomodá-lo, Jack", ele riu. "Só estou fazendo um teste. Queria ver se uma mordida de vampiro o acordaria." Ora, eu estava tão assustado que não sabia o que dizer. Então respondi alguma coisa parecida com "Parece que sim!", e só. No dia seguinte eu conversei com os outros, e parece que o doutor fez a mesma "brincadeira" com todo mundo. "Pesquisa prática", foi como ele a chamou. Bem, na noite seguinte eu dormi muito bem. Deve ter sido por causa do susto na noite anterior. Quando acordei, me sentia ótimo. Até que olhei para os meus pés e vi sangue. Aqueles malditos morcegos-vampiros tinham me visitado... e eu não sentira nada!

— Ora essa, meu velho – disse sua mulher. – Não encha a cabeça do nosso Johnnie com essas fantasias. Você sabe que não é verdade.

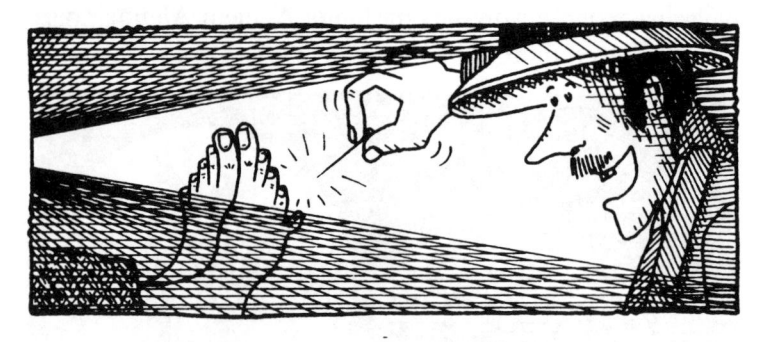

— Mas é! – exclamou o velho. Ele tirou o sapato gasto e a meia furada. Seu pé era pálido e ossudo. Veias azuis cruzavam a pele clara. Anos depois do ocorrido seus dedos ainda mostravam as cicatrizes. Marcas de mordidas.

MEU DEUS!

Aposto que você não sabia!

Existem três espécies de morcegos-vampiros. Atualmente, são um problema em certas regiões do Brasil, porque podem transmitir doenças mortais, como a raiva, para os animais que mordem. No entanto eles têm um bom hábito. São extremamente limpos e sempre limpam o sangue seco em seus pelos antes de escolher a próxima vítima.

Mas existe coisa pior do que ser mordido por um morcego-vampiro. É almoçar com um horrível e faminto caçador. Especialmente quando VOCÊ está no menu!

Caçadores capciosos

Quando você tem fome, normalmente vai a um mercado comprar comida. Animais não podem fazer o mesmo. Então, agarram alguma criatura menor e infeliz para o lanche. Veja como eles fazem.

Tipos de caçadores capciosos

Alguns caçadores, como leões e tigres, comem animais grandes. Para eles a vida é tranquila, pois passam a maior parte do tempo dormindo depois de refeições enormes. Eles só caçam quando estão com muita fome. É bom ficar longe deles nessas horas. Outros caçadores, como cães selvagens e hienas, comem qualquer coisa que apareça e estão sempre atentos a qualquer petisco gratuito que surja para o lanche. O melhor é ficar longe deles *sempre*.

E cuidado: caçadores adoram usar truques horríveis.

Truques de caçadores capciosos

1. Aproxime-se furtivamente da sua vítima. Se ela se virar, finja ser um galho. A cobra-verde da América Central faz isso. Ela até mesmo balança como um galho ao vento... antes de dar o bote e agarrar um pobre filhote de passarinho de um ninho próximo.

> ALMOÇO, ESTOU CHEGANDO!

2. O sapo-boi fica sentado, imóvel, a não ser por um dedo, que ele fica balançando até que um inseto ou outra criatura pequena se aproxime, pensando que é algo para comer. Terrível engano. É hora de comer, está certo, mas para o sapo.

3. Existe um tipo de mangusto africano cujo traseiro parece uma flor. O mangusto se agacha num arbusto com o traseiro para cima. Quando um inseto pousa naquela bela "flor", o mangusto se vira e o agarra.

4. Ursos polares brancos são quase invisíveis na neve do Ártico. Mas o narigão preto do urso é constrangedoramente óbvio quando ele tenta se aproximar de uma foca. Então os ursos colocam um bocado de neve na frente do nariz para escondê-lo.

5. Todo mundo sabe que cascavéis têm chocalho na ponta de sua cauda. Alguns de seus fãs dizem que o chocalho está lá para avisar às pessoas que devem ficar longe. Certo, como se as cobras tivessem tanta consideração. Na verdade, o chocalho está lá para desviar a atenção da cabeça com suas presas fatais.

Você conseguiria ser tão capcioso quanto esses horríveis caçadores? Esta é sua chance de descobrir. Imagine que você é uma leoa vivendo nas planícies da África meridional. Que tipo de caçador você seria?

Dicas de caça para leoas

As leoas de uma alcateia (grupo de leões) caçam juntas. (Os machos preguiçosos não participam.)

[Ilustração: LEÕES MACHISTAS — "TRABALHO DE MULHER." "TOTALMENTE!"]

1. Seu grupo de leoas está à espreita de uma manada de gazelas (pequenos antílopes). De qual direção você se aproxima?

a) Com o vento nas costas, para que as gazelas possam sentir seu cheiro. Isso vai assustá-las tanto que não conseguirão nem se defender.

b) Com o vento soprando em seu rosto, para que as gazelas não consigam sentir seu cheiro.

c) Com o sol nas suas costas, para que as gazelas fiquem ofuscadas.

2. Sua alcateia divide-se em dois grupos. O que você faz em seguida?

a) Um grupo ataca as gazelas e as põe para correr na direção do segundo grupo, que está escondido nos arbustos.

b) Um grupo vai atrás das gazelas enquanto o outro caça algumas zebras desavisadas que estão por perto. Isso dobra as chances de se conseguir pegar algo.

c) Um grupo caça as gazelas e o outro fica de guarda para que hienas não roubem a carne.

3. Você tem de selecionar uma gazela para atacar. Qual é a sua escolha?
a) A maior – mais carne para o almoço.
b) A menor – dificilmente vai oferecer alguma resistência.
c) A mais fraca – é mais fácil pegar.

4 Os machos se convidam para o banquete. Enquanto você e suas irmãs caçavam, os machos ficaram deitados tomando sol. E agora estão com fome. Quem fica com a parte do leão?

QUAL É A SOBREMESA, MAMÃE?

a) As leoas, seguidas pelos filhotes. Os machos recebem algumas sobras. Bem feito, por não ajudarem.
b) Os machos ficam com a melhor parte. As leoas e os filhotes ficam com o que sobrar. Se tiverem sorte.
c) Os filhotes. Afinal, precisam de comida para crescer.

5. Um novo macho afugenta os machos velhos da sua alcateia. Ele cruelmente mata e come seus filhotes. O que você faz?
a) Foge para as montanhas.
b) Mata-o e come seu corpo.
c) Faz amizade com ele.

6. Na estação da seca há pouca comida. O que você come?
a) Outros leões.
b) Peixes, insetos, lagartos, ratos e tartarugas.
c) Ossos enterrados exatamente para essas emergências.

Respostas: Marque um ponto para cada resposta correta. **1 b)**. **2 a)** Leoas exibem um belo trabalho em equipe quando estão caçando. Alguns cientistas acreditam que isso é uma ilusão, e que cada leoa está agindo independentemente. **3 c)**. **4 b)** Machos são maiores e mais fortes que as fêmeas. Se não há comida suficiente para todos, as leoas e os filhotes passam fome. **5 c)** Nojento, mas verdadeiro. Depois o macho vai querer que a leoa cuide dos seus próprios filhotes, quando nascerem. **6 b)** Um leão com fome vai comer qualquer coisa, então leoa quer que o macho a proteja de outros machos. tenha cuidado se estiver por perto.

Sua pontuação:

5-6 Rugido de aprovação. Você seria um(a) grande caçador(a).

3-4 Você está quase lá, mas precisa melhorar suas habilidades para ficar perfeito(a).

0-2 Você nunca será um(a) leão (leoa). É melhor engolir suas pretensões e continuar sendo um humano.

Você conseguiria ser um naturalista?

Um perigoso caçador das planícies africanas é o guepardo. Esse grande felino é a criatura mais rápida da Terra e alcança velocidades superiores a 110 km/h em arranques curtos. O problema é que os músculos de um guepardo correndo produzem grandes quantidades de calor. Se ele corresse em velocidade máxima por mais de alguns segundos, seu cérebro sofreria danos fatais. Um guepardo cansado precisa descansar com as patas para cima por alguns minutos para se recuperar.

Em 1937, um colecionador de animais promoveu corridas entre um guepardo e um cão galgo, em Londres. O que você acha que aconteceu?

a) O galgo venceu.
b) O guepardo comeu o galgo.
c) O guepardo venceu, mas apenas algumas vezes. Na maior parte do tempo ele não quis competir.

> ELE PARECE IR MAIS RÁPIDO QUANDO CORRE COM O GUEPARDO!

Resposta: c) Guepardos não gostam de correr. Em 1937, em outra disputa, um guepardo só completou meia volta e parou para descansar.

Até agora falamos de caçadores terrestres. Mas isso não quer dizer que você estaria seguro embaixo d'água, principalmente se for comestível. Os mares e rios fervilham com milhões de peixes ferozes. Quais destes são nojentos demais para serem verdadeiros?

1. O peixe-trombeta anda de carona no peixe-papagaio, que é maior, mas inofensivo. Quando o peixe-trombeta avista um peixe pequeno para comer, ele salta da carona para matar o almoço! VERDADEIRO/FALSO

2. O traiçoeiro peixe-azul ataca cardumes de outros peixes na costa leste da América do Norte. O azul assassino mata dez vezes mais do que pode comer. Ele engole até quarenta peixes de uma vez, e depois os vomita para continuar o banquete! VERDADEIRO/FALSO

3. O hadoque halitose tem uma arma mortal e incomum: seu nojento e malcheiroso bafo. Quando um peixinho se aproxima, o horrível hadoque bafora uma nuvem de bolhas venenosas para matar sua presa. VERDADEIRO/FALSO

> E DAÍ SE NÓS SOMOS CASADOS?
> EU É QUE NÃO BEIJO VOCÊ!

4. O peixe-pescador tem sua própria vara de pescar completa, com uma estrutura que parece uma minhoca na ponta, logo acima da boca. Quando outro peixe se aproxima para investigar a isca, o pescador logo o abocanha. VERDADEIRO/FALSO

5. O peixe-tesoura tem mandíbulas que parecem tesouras e usa essa arma temível para fatiar suas presas. Já foi relatado que ele conseguiu até cortar as linhas de navios pesqueiros. VERDADEIRO/FALSO

6. O peixe-víbora, encontrado em águas marinhas profundas, possui 1.350 luzes dentro da boca. Elas brilham nas profundezas oceânicas, atraindo cardumes de peixinhos que vão apreciar o espetáculo. Quando os peixinhos estão dentro da boca do víbora, ele a fecha. Fim do show. VERDADEIRO/FALSO

Respostas: 1, 2, 4, 6: VERDADEIRO. 3, 5: FALSO.

Aposto que você não sabia!

Um peixe bastante real e muito feroz é o grande tubarão-branco. Você sabia que ele sente movimentos na água a 1,6 km de distância? A 400 metros o tubarão consegue sentir o cheiro de sangue. Ele costuma se aproximar furtivamente, por trás ou por baixo da vítima. No último momento, o tubarão fecha seus frios olhos negros e segue as batidas do coração de sua vítima horrorizada. Sim, as batidas do coração produzem pequenas ondas elétricas que o tubarão consegue captar. Então, é hora do LANCHE!

Você conseguiria ser um naturalista?

O peixe-arqueiro (toxotídeo), encontrado na Índia, na Austrália e no sudeste asiático, tem uma arma secreta incomum: uma pistola d'água embutida. Esse peixe de 2 cm de comprimento esguicha água com precisão mortal em insetos desavisados.

DESCULPE! EU MIREI NA MOSCA!

Um aquário público que possuía um cardume desses peixes colocou 150 gramas de carne crua nas laterais do tanque. O pesquisador queria ver se os peixes conseguiam deslocar a comida. Eles conseguiram?

a) Os esguichos desses peixes são fracos. Assim, não conseguiram mover a carne.
b) Os peixes ficaram esguichando até toda a carne cair na água.
c) Incapazes de mover a carne com seus esguichos, os peixes

pularam e pegaram-na com suas pequenas mandíbulas.

Resposta: b) Sim, eles têm um esguicho e tanto.
Um dos caçadores mais ferozes que existem provavelmente já cruzou o seu caminho. Na verdade, essa violenta criatura pode estar se escondendo atrás das suas cortinas ou assistindo à sua TV! Sim, estamos falando do não tão fofinho gato. Seu bichinho de estimação tem uma mortal vida dupla.

Tetê, a terrível

Tetê se esfrega em suas pernas. Ela está lhe fazendo carinho? Nada disso. Está deixando o cheiro DELA em você para indicar que você faz parte da família DELA.

Tetê tem seu território de caça. Normalmente, ela não permite que nenhum outro gato entre nessa área. O território é um pouco maior que seu quintal.

Tetê caça aproximando-se furtivamente da presa. Às vezes, ela congela, para depois voltar a se aproximar furtivamente. No último momento, Tetê se lança sobre a vítima.

Tetê gosta de pegar insetos. Eles têm uma textura crocante tão saborosa... são como os salgadinhos que você come.

Mas ela não gosta de pegar coelhos ou ratos. Ela tem medo dos coelhos, porque são muito grandes. E os ratos têm gosto pior que comida de gato barata.

Quando Tetê "brinca" com os ratos, ela não está sendo cruel. Ah, não? Ela só está um pouco receosa. Ratos assustados contra-atacam (alguns). Então ela mantém uma distância segura, sem se afastar muito.

Tetê come, primeiro, a cabeça dos ratos. Nham-nham. Antes de comer pássaros, ela tira as penas com os dentes.

Quando Tetê lhe traz um rato meio morto, ou um passarinho moribundo, ela está querendo lhe ensinar a caçar. Isso mesmo, ela quer que você termine o serviço. As mamães-gatas fazem isso para treinar seus filhotes.

Aposto que você não sabia!

1. O maior caçador de todos os tempos foi uma gata chamada Towser. Quando morreu, em 1987, ela tinha pego 28.899 ratos na Destilaria de Uísque Glenturret, na Escócia.

2. A habilidade caçadora de um gato certa vez salvou a vida de um homem. Ele era Sir Henry Wyatt, cavaleiro inglês do século XV que estava trancafiado num calabouço, abandonado para morrer de fome. Mas o faminto Henry fez amizade com um gato. Este lhe trouxe pássaros (pombos) e o manteve vivo até que foi resgatado por seus amigos.

> CHEGAMOS PARA SALVÁ-LO, MEU SENHOR! DEVE ESTAR FAMINTO!

Pense bem, se gatos têm uma ambição, provavelmente é a de ser um gato muito grande e exímio caçador. Algo como um tigre.

Tigres terríveis

Do focinho à ponta da cauda listrada, o tigre tem, em média, 2,9 metros e pesa 204 kg – o peso de três homens adultos. No século XIX, escritores vitorianos fizeram má publicidade desse gatão. Eles viam o tigre como um inimigo traiçoeiro, que pegava suas vítimas de surpresa. James Inglis escreveu:

> ...O TIGRE É... UM BANDIDO ARDILOSO E VIL... UM BANDIDO CRUEL E BIGODUDO.

Caçadores do século XIX gostavam de pegar tigres e até mesmo eram pagos pelo governo indiano por esse horrível passatempo! Muitos tigres terminaram como tapetes de pele. Os caçadores foram muito mortais para os tigres. Em 1972, havia apenas 1.800 tigres vivos em toda a Índia. A caça foi proibida em 1971, e, graças a um esforço conservacionista, as populações de tigres voltaram a aumentar em certas áreas. Mas o trabalho dos naturalistas levantou um cruel dilema. O que deveria ser feito quando um tigre atacasse humanos? Seria correto matar um tigre?

Esse tigre tem de morrer
Fronteira Índia/Nepal, 1978

– Esse tigre tem de morrer. Eu mesmo poderia tê-lo matado! – exclamou o diretor do Parque Florestal, batendo a mão na escrivaninha.

– O senhor não compreende – disse Arjan Singh, especialista em tigres. Ele era pequeno e careca, e naquele momento franzia as sobrancelhas, preocupado.

A boca do diretor se contorceu. Ele enxugou o suor do rosto carnudo com um lenço úmido. Estava muito quente, mesmo com as persianas abaixadas e o ventilador de teto girando preguiçosamente.

– Não, Sr. Singh, é o senhor que não compreende. Vamos analisar os fatos. Em 3 de abril um homem desapareceu na floresta. Vítima número 1 do tigre. O que sobrou dele, depois que o tigre terminou, cabia numa caixa de sapato. Três dias depois, outro homem desapareceu. Eu mesmo vi o tigre comendo o corpo. Gritei, mas o monstro nem me deu bola. Queria ter atirado no tigre naquele instante!

Seu dedo indicador curvou-se ao redor de um gatilho imaginário.

– Mas os tigres estão protegidos – disse Arjan Singh. – O senhor não pode sair por aí matando os bichos!

– Seres humanos também precisam ser protegidos! – rugiu o diretor. – Dois homens estão mortos e o senhor está tentando me ensinar meu trabalho.

– Mas o senhor não compreende! – tornou Arjan Singh, desesperado. – Os tigres só atacam humanos porque não têm outro jeito.

– O que quer dizer com "não têm outro jeito"? – explodiu o diretor, os olhos chispando de fúria.

– Os tigres, normalmente, não atacam humanos – disse o naturalista. – Mas os humanos acabaram com as presas naturais do tigre, como os cervos e porcos selvagens. O tigre está se alimentando para continuar vivo.

– Com carne humana! – disse o diretor asperamente.
Arjan Singh inspirou profundamente e tentou mais uma vez:
– Lembre-se, os tigres são protegidos pela lei. Em vez de matar o tigre, por que não tentamos outra coisa? Por que não deixamos alguns búfalos para ele comer? Então o tigre não terá fome. E sem fome não vai atacar pessoas.
O diretor suspirou com amargura.
– Sr. Singh, serei honesto. Se eu pudesse, esse tigre já teria virado picadinho há dias. Mas parece que os meus chefes concordam com o senhor sobre não atirar no animal. Então acho que tenho de pensar na sua ideia.
Mas ele não pareceu muito convencido.
Alguns dias se passaram sem que o diretor chegasse a uma decisão. Enquanto isso, o tigre atacou de novo. Arjan Singh sentia-se deprimido enquanto examinava as marcas de patas.

– Sim, receio que seja o mesmo tigre – ele disse ao guarda-florestal que o acompanhara.
– Bem, Sr. Singh – o homem começou, sombrio –, parece que agora o diretor vai fazer as coisas do jeito dele. Esse tigre já era.
Alguns metros adiante, no caminho aberto pelo tigre enquanto arrastava sua presa, jazia uma cabeça humana ensanguentada. Era tudo o que restava da última vítima do tigre.
Arjan Singh podia ouvir a voz sarcástica do diretor do Parque. Ele diria: "Eu lhe disse! A culpa é sua. Se tivéssemos feito do meu jeito, este homem ainda estaria vivo!".

O naturalista temia a próxima reunião. Será que alguma coisa poderia salvar aquele tigre?

O que você acha que aconteceu?
a) O diretor do Parque venceu. O tigre foi caçado e morto.
b) Arjan Singh venceu. O diretor concordou em colocar comida para o tigre, e este nunca mais atacou pessoas.
c) O tigre foi alvejado com um dardo tranquilizante e transportado para uma área longe dos humanos.

> **Resposta: b)** Os chefes do diretor ainda assim não lhe permitiram matar o tigre. Então, ele teve de tentar a ideia de Arjan Singh. O tigre alimentou-se com a comida que lhe forneceram e parou de atacar pessoas. Hoje em dia muitos tigres que comiam humanos foram removidos para áreas longe das pessoas.

Como não ser comido(a) por um tigre
Veja algumas dicas de como evitar ser comido(a) por um tigre. (Felizmente não existem muitos onde você mora.)

1. O tigre normalmente se aproxima de você a favor do vento. Preste atenção em movimentos nessa direção.

2. É mais provável que o tigre ataque se você estiver abaixado. Ele pensa que você é um animal de quatro patas, e não um humano. Assim, é má a ideia de se agachar para fazer suas necessidades na selva.

3. Tigres atacam pelas costas. Em 1987, as pessoas que viviam nas florestas na fronteira entre Índia e Bangladesh receberam máscaras de plástico que imitavam rostos humanos para usar na parte de trás da cabeça. Os ataques de tigres praticamente cessaram, porque os animais pensavam que as pessoas estavam olhando para eles, mesmo de costas. Isso é que é ter olhos nas costas!

> POR QUE TODO MUNDO COMEÇOU A CORRER DE COSTAS?

4. Se um tigre estiver à sua espreita e você tiver esquecido a máscara em casa, a melhor solução é subir numa árvore. A maioria dos tigres não consegue fazer isso.

> MAS, PAI, COMO VOCÊ SABE QUE LÁ TEM UM TIGRE?

5. Tigres sempre atacam o pescoço. Para a pessoa mordida pelo tigre, o jogo acaba na hora. As chances de escapar são de uma em cem. Credo! Você pode estar achando que os tigres são os mais terríveis caçadores. Mas estaria errado. Pense em certos olhinhos redondos...

Veneno de matar!

Cobras. Argh! Elas *são* muito nojentas, mas existe um verdadeiro exército de outros caçadores cruéis que também usam veneno. E por quê? Só para nos meter medo? Bem, na verdade, não, mas essa é uma forma muito eficiente de matar criaturas pequenas, como você vai aprender na sequência.

Ficha das cobras

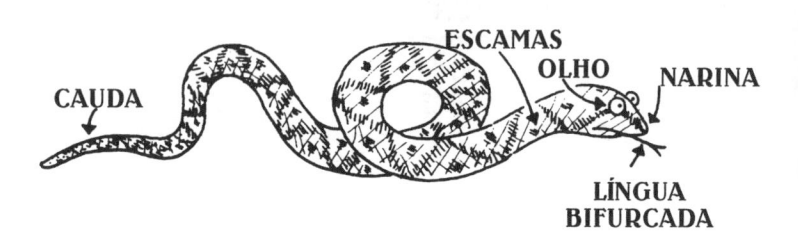

NOME: Cobras

FATOS BÁSICOS: Cobras são répteis sem pernas. Existem 2.500 variedades delas, mas apenas 600 são venenosas. A boa notícia é que apenas 150 tipos de cobra podem matar pessoas.

FATO MAIS NOJENTO:

As presas da cobra ficam dobradas dentro da boca, projetando-se no momento da picada. Cada presa é como uma agulha oca para injetar veneno. As cobras dão o bote a uma velocidade de 2,4 metros por segundo – a vítima tem apenas 1/4 de segundo para driblar as presas mortíferas!

CAUDA — ESCAMAS — OLHO — NARINA — LÍNGUA BIFURCADA

COBRAS ATROZES

NOME: Cobra-real
DESCRIÇÃO: Alcança até 5,5 metros de comprimento.
HABITAT: Índia, sul da China e Sudeste Asiático.
CARACTERÍSTICAS ESPANTOSAS: Tem um desenho sinistro de dois olhos e um nariz na parte de trás da cabeça, que mostra quando está irritada ou com medo.
HÁBITOS HORRÍVEIS: Come outras cobras. (Pensando bem, até que é um hábito útil.)
A MÁ NOTÍCIA: Seu veneno é forte o suficiente para matar um elefante. Então, nós, humanos, não temos chance.

NOME: Jararaca

DESCRIÇÃO: Tem cerca de 1,20 metro de comprimento. Possui cabeça em forma de lança e desenhos de triângulos no corpo.
HABITAT: Florestas e cerrados do México à Argentina, muito comum no Brasil.
CARACTERÍSTICAS ESPANTOSAS: Possui desenhos que lhe proporcionam uma excelente camuflagem.
HÁBITOS HORRÍVEIS: Quando filhote, possui a extremidade da cauda ligeiramente clara ou amarelada e a utiliza para atrair pequenas rãs e sapos, dos quais se alimenta.
A MÁ NOTÍCIA: Muito perigosa, é a responsável pela maioria dos acidentes com cobras no Brasil.

NOME: Mamba Negra

DESCRIÇÃO: Tem entre 3 e 4 metros de comprimento. É a maior cobra venenosa da África.
HABITAT: África, ao sul do deserto do Saara.
CARACTERÍSTICAS ESPANTOSAS: Diz-se que ela se move tão rápido quanto um cavalo a galope.
HÁBITOS HORRÍVEIS: Consegue engolir um rato e digeri-lo em 9 horas. A maioria das cobras precisa de 24 horas.

Aposto que você não sabia!

Em 1906, o cabeça de vento coronel Richard Meinertzhagen decidiu medir a velocidade da mamba negra. Ele e seus empregados jogaram terra numa cobra infeliz. A cobra, furiosa, perseguiu um voluntário enquanto o coronel cuidadosamente media sua velocidade. A mamba alcançara 11,2 km/h quando aconteceu o desastre: o voluntário caiu! Então, o coronel olho de águia atirou na cobra.

Por mais estranho que pareça, existem pessoas que gostam de cobras. E o assustador é que algumas gostam tanto que as têm como bichos de estimação. Esperamos que seu professor não seja uma dessas pessoas. Ou você vai ter de ouvir coisas como...

Cinco razões por que cobras são fofinhas*
* Tudo bem, vamos dizer "nem tão nojentas".
1. Cobras têm mais medo das pessoas do que estas delas. Afinal, somos maiores que elas.

2. Uma cobra só morde pessoas se pensa que está sendo atacada. Uma tradição indiana diz que você deve parar para conversar com uma víbora Russell (muito venenosa). Assim, ela não o morderá. Conversar não adianta, porque as cobras são surdas (embora possam sentir vibrações sonoras passando pelo chão). Mas ficando parado você acalma a cobra, o que pode salvar sua vida.

3. Cobras são úteis. O veneno da víbora Russell é usado na produção de um remédio que ajuda na coagulação do sangue. Por outro lado, o veneno da cascavel da Malásia impede a coagulação do sangue e pode ser usado para evitar coágulos indesejáveis dentro do corpo.
4. Muitas histórias de cobras não são verdadeiras. Por exemplo, a cascavel da Malásia é chamada de "cem passos" porque, supostamente, é quanto as pessoas conseguem correr depois de mordidas. Não é verdade. As vítimas correm pelo menos dez vezes essa distância.
5. Humanos matam muito mais cobras do que estas matam humanos. Por exemplo, sangue de cobra é usado em remédios tradicionais chineses. Acredita-se que faça bem ao fígado e aos pulmões. Não das cobras sacrificadas, é claro.

Convencido a adotar uma delas? Imaginei que não. Mas, se você realmente acha que cobras são encantadoras, por que não se tornar um encantador de cobras? Veja como...

Encante uma cobra
1. Pegue uma cobra venenosa. Uma cobra-real serve.
2. Retire seu veneno. Assim, se as coisas derem errado, você não leva uma mordida fatal. Essa técnica é chamada de "ordenhar" a cobra. Pegue-a pela parte de trás da cabeça e faça-a morder um pedaço de papel preso sobre um pote. Com cuidado, aperte as glândulas de veneno localizadas nos lados da cabeça da cobra. Isso fará com que ela esguiche seu adorável veneno. (Não se preocupe com a cobra, ela pode produzir mais veneno.)

3. Ponha a cobra num cesto e comece a tocar flauta. Depois de um tempo a cobra vai esticar a cabeça para dar uma espiada.
4. Continue movimentando a flauta. A cobra não consegue ouvir a música, mas seguirá seus movimentos.
5. Cuidado, ela está se decidindo sobre quando dar o bote!
6. Se você for mordido ao encantar uma cobra e se esqueceu do passo número 2, seria boa ideia conhecer alguns primeiros socorros. Eis alguns conselhos inúteis.

Aviso: quase todos estes tratamentos são tão úteis quanto geladeiras para pinguins.

VELHOS TRATAMENTOS PARA MORDIDA DE COBRA

1. Beba 4,5 litros de uísque.
2. Corte fora o dedo mordido com uma faca grande. Ou você pode arrancá-lo com um tiro (tratamento tradicional de caubóis).
3. Corte a ferida e peça a um bom amigo para sugar o veneno.
4. Afunde a mão mordida em parafina.
5. Enrole carne de frango em volta da mordida, depois queime a carne.
6. Coma uma cobra viva.
7. Agarre um sapo e esprema seus líquidos sobre a ferida (velho tratamento romano).
8. Antes de ser mordido, mastigue glândulas de veneno da cobra. Ou você pode fazer uma pequena ferida na pele e esfregar uma mistura de cuspe e glândulas venenosas.

Observações:

1. Este tratamento era popular entre soldados americanos na década de 1860. Era popular até mesmo entre soldados que não tinham sido mordidos. Na verdade, os efeitos combinados do veneno e do uísque provavelmente matavam a vítima.

> MAIS TRÊS COPOS E VOCÊ FICA NOVINHO EM FOLHA!

2. Inútil. Quando o caubói puxasse o gatilho, o veneno já teria se espalhado pelo resto do corpo.
3. Este é perigoso, porque a peçonha poderia envenenar também o seu amigo.
4. Inútil.
5. Totalmente inútil – principalmente para o frango.
6. Inútil e cruel. Cobras também têm sentimentos.
7. Igualmente cruel e inútil.
8. Sim, estes funcionam. São tratamentos usados pelos povos Kung, San e Zulu, da África meridional. Alguém quer experimentar?

Para variar, alguns conselhos úteis

Quando alguém é mordido por uma cobra, deve procurar se lembrar do aspecto dela. Picadas de cobra são tratadas com uma substância chamada antídoto. Este é produzido naturalmente pelo corpo, numa tentativa de neutralizar o veneno. A injeção de porções extras de antídoto ajuda o corpo a se recuperar mais rapidamente. Mas os médicos precisam saber qual antídoto usar. A vítima deve ser mantida quieta enquanto se busca ajuda ou ela é removida para um hospital.

Tudo bem, então, observar cobras não é seu passatempo favorito. Talvez sua ideia de diversão seja um feriado na praia. Mas... quando você pensou que seria seguro entrar na água...

Nojo náutico

As cobras mais venenosas de todas não rastejam sobre a terra. Elas estão nos mares ao redor da Índia e do Leste Asiático. O veneno de cobras marítimas é *cem vezes mais mortal* do que o de qualquer cobra terrestre. Essa é a má notícia. A boa notícia é que cobras marítimas não gostam de picar humanos. Assim, pescadores indianos retiram as cobras enroscadas nas redes usando apenas as mãos nuas. Isso é que é coragem!

Outro nojo náutico é o polvo. Sim, ele possui sinistras ventosas venenosas. Os cientistas ainda não sabem quão venenosa é a picada, porque ninguém ainda se ofereceu para ser picado. Algum voluntário? É pelo bem da ciência.

NÃO SE PREOCUPE, PAGAMOS O DOBRO SE FOR FATAL.

Mas em terra firme as coisas não são muito melhores. Além das cobras, há um bando de outros...

Bichos venenosos

1. O monstro-de-gila tem um método nojento de envenenar sua presa. Esse lagarto com 50 cm de comprimento morde a vítima. Depois mastiga o veneno dentro da ferida. Ai!

2. Regiões quentes e secas do mundo abrigam escorpiões. É, eles gostam de vida dura. Um escorpião resiste três meses sem água e até um ano sem comida. E, se esfriar, tudo bem. Um escorpião pode voltar à vida depois de algumas horas dentro de um cubo de gelo. (Isso pode ser um problema se você quiser experimentar picolé de escorpião.)

3. Escorpiões são ativos à noite e se escondem durante o dia. Infelizmente, escorpiões mortais, como o de Trinidad e Tobago, gostam de se aninhar num sapato quente e cheiroso. Na manhã seguinte, o dono do sapato tem uma terrível surpresa. Isso é o que se chama de começar o dia com o pé errado.

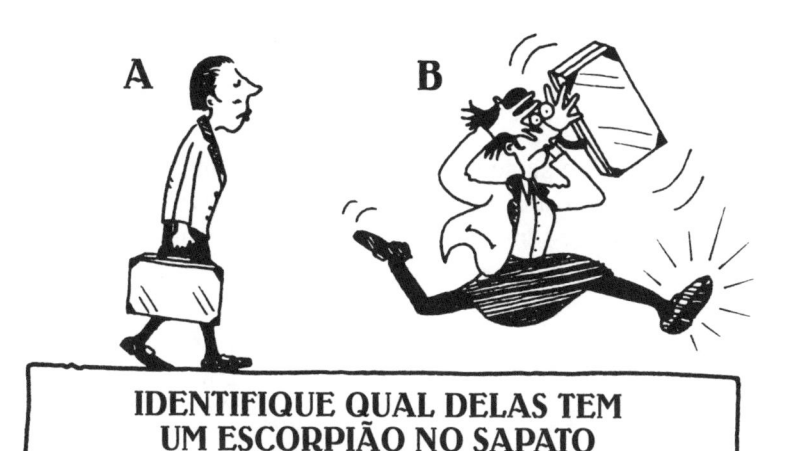

IDENTIFIQUE QUAL DELAS TEM UM ESCORPIÃO NO SAPATO

4. O musaranho aquático é um demoniozinho parecido com o rato. Tem um cuspe venenoso que paralisa os sapos e peixes que vai comer. Dessa forma, a presa não se debate para tentar escapar enquanto é devorada por ele.

5. Cães não deveriam comer sapos. Estes possuem glândulas, na pele, que produzem veneno forte o bastante para matar um cachorro.

6. Lembra do ornitorrinco, com bico de pato? Só para confundir você ainda mais, saiba que o macho possui esporas venenosas nos calcanhares. Não se sabe se as esporas são para combater outros animais ou para atacar outros machos em disputas pelas fêmeas.

Como você se sente a respeito de criaturas venenosas, agora? Preocupado, ansioso, inseguro? Bem-vindo ao clube. É assim que se sente um animal pequeno quando caçadores famintos estão à espreita. É... os matadores estão à solta.

Por pouco!

Num momento você está degustando uma saborosa mortadela ou um queijo cheiroso. No outro está correndo para salvar a vida com um monstro faminto babando em sua cauda. (A propósito, o nome do monstro é Tetê, a gata.) É... se você é um rato, está sempre escapando "por pouco".

> SINTO MUITO. É SÓ MINHA NATUREZA NOJENTA.

Surpreendentemente, muitas criaturas conseguem escapar de seus agressores, até mesmo virando a mesa. Veja como elas fazem.

Alguns animais possuem sua própria armadura. Que tal seria ter esse tipo de proteção?

> MEU CÃO TEM SUA PRÓPRIA ARMADURA...

> NÃO ESSE TIPO DE ARMADURA — VIRE A PÁGINA PARA APRENDER ALGO!

GUIA DE AUTODEFESA DA NATUREZA NOJENTA

SEGURANÇA EM PRIMEIRO LUGAR

Armadura com estilo, como a usada pelo tatu da América do Sul. Simplesmente enrole-se, virando uma bola. Se quiser se divertir um pouco, deixe uma fenda na armadura. O agressor vai enfiar a pata na abertura. Então você fecha a fenda como uma armadilha de aço. AAAAAIIII!

AAAAAIIII!

ENSINE UMA LIÇÃO A SEUS INIMIGOS

Armadura espinhosa a toda prova, de ouriço e porco-espinho. Escolha um dos modelos:

AAII!

UI, UI!

Ouriço: enrole seu corpo, formando uma bola, ou enfie os espinhos no nariz do agressor. Garantimos pelo menos 5 mil espinhos em cada traje de ouriço. Aviso do fabricante: nunca se enrole na frente de caminhões em movimento, pois você pode passar a se achar um pouco chato.

Porco-espinho: espete seus espinhos farpados no corpo do agressor. Ele não vai conseguir se livrar deles até o dia em que morrer. (O que não vai demorar muito.)

GOSTA DE NADAR?
Não se esqueça do traje de banho "peixe porco-espinho". Apenas infle o traje com água que os espinhos ficam eriçados. Afaste os tubarões!

SEJA UM HERÓI
Esta discreta roupa musaranho-herói possui uma espinha dorsal reforçada, que o ajuda a se sentir mais forte por dentro. Garantimos que, se tiver o tamanho de um musaranho, um humano adulto poderá subir nas suas costas e você sobreviverá para contar a história.*

TUDO BEM!

AVISO
NÃO FAÇA ISSO COM SEU PORQUINHO-DA-ÍNDIA. APENAS O MUSARANHO-HERÓI POSSUI ESSA PROTEÇÃO. OUTROS BICHINHOS PELUDOS SERÃO ESMAGADOS!

TCHAUZINHO!

SEM ARMADURA?
Não conseguiu achar uma armadura que lhe ficasse bem? Sem problemas. Se um agressor chegar perto demais, simplesmente esguiche um mau cheiro. Receba conselhos de um gambá. Para se livrar de um agressor, experimente pulverizá-lo com fluidos nojentos. Conheça os detalhes na página seguinte...

MANUAL DE DEFESA PARA GAMBÁS

Para ser consultado por gambás a qualquer hora. Nunca se sabe quando vai precisar dele.

1. Sempre dê um aviso ao agressor. É justo realizar a seguinte dança. Experimente praticá-la agora.

Bata os pés e arqueie as costas.

Ondule o corpo para a frente e para trás.

Levante-se sobre as mãos e ande assim na direção do agressor até chegar a 2,5 metros dele.

2. Se ele ainda não entendeu, é porque está pedindo! Vire-se de costas para o inimigo. Levante a cauda. Arqueie as costas. Olhe por cima do ombro e faça mira. Preparar, apontar, FOGO!

3. Você está pulverizando uma substância a partir de glândulas que ficam no seu traseiro. Mexa-o de um lado para outro, garantindo que seu inimigo leve uma boa pulverizada.

Observações:
1. A substância que o gambá lança contém butil mercaptana. Este é reconhecido como **o pior cheiro do mundo**. Pode-se senti-lo a 1,6 km de distância, e o fedor permanece por mais de um ano.

2. O cheiro é tão horrível que machuca o nariz por dentro.
3. O gosto desse fluido é tão ruim que faz a vítima vomitar.
4. Se a substância atingir os olhos da vítima, esta fica temporariamente cega.
5. Mas isso não preocupa a nós, gambás.

A vítima não tem do que reclamar; afinal, o jato do gambá não é venenoso o suficiente para matar. Outros animais possuem defesas venenosas realmente mortais.

Venenosos

Sentar numa agulha pode ser até engraçado. Ser picado por uma abelha dói um pouco. Pular numa cama de faquir... pode ser incômodo. Todas essas coisas doem, mas não são *realmente* dolorosas. Não como um encontro com as seguintes criaturas...

O peixe-pedra usa seus espinhos venenosos como defesa. Esse peixe habita águas rasas da costa australiana e se parece com uma pedra (veja só...) afundada na areia. Mas seu veneno provoca **a pior dor do mundo**. Humanos que acidentalmente pisam em seus espinhos contorcem-se em agonia. Felizmente existe um antídoto que pode salvar a vida da vítima.

Não é porque ela cospe que não tem educação. A *Spitting Cobra* (cobra que cospe) tem 2 metros de comprimento e consegue expelir um jato duplo de fluido a 2,5 metros de distância. Isso já seria ruim o suficiente. Mas o pior é que seu cuspe é terrivelmente venenoso. Um grama dele é suficiente para matar 165 humanos ou 160 mil ratos. A última coisa que você vai querer fazer é um concurso de cuspe com essa cobra.

> E ISSO FOI SÓ UM ESPIRRO!

Na floresta tropical da América do Sul podem ser vistos sapos alegres pulando pelas árvores. "Por que eles têm cores tão vivas?", você se pergunta. "Talvez seja para fazer amigos." Nada disso. Eles estão avisando que são mortalmente venenosos. Basta 1 grama da substância produzida em sua pele para matar 100 mil pessoas. Mas note que isso não salva alguns desses sapos de uma tortura terrível. Os índios assam os sapos sobre uma fogueira e molham a ponta de suas flechas nos sucos mortais que eles exsudam.

> É MELHOR CAIRMOS FORA!

Então você não quer engolir sapos? Tudo bem. Que tal peixe venenoso? Pessoas que têm um gostinho pelo perigo apreciam esse tipo de peixe. Falando sério.

Restaurante Japonês - Cardápio

Servimos apenas os sushis mais requintados, delícias japonesas feitas de peixe cru selecionado.

PRATO DO DIA:

Fugu

Feito com a carne crua do baiacu venenoso.
Não está morrendo de vontade de experimentá-lo?

Aviso necessário

Esperamos que este prato esteja livre de qualquer traço de fígado, sangue, ovos ou vísceras venenosos do baiacu. Nossos cozinheiros foram treinados durante três anos para eliminar essas ameaças. Mas se, por acaso, você comer alguma dessas partes, morrerá. Não será nossa culpa, tudo bem? Acidentes acontecem – diversas vezes por ano.

ELE GOSTOU DO FUGU?

NÃO SEI, ELE MORREU ANTES DE EU PODER PERGUNTAR!

Na corrida

Se você não possui veneno, pode tentar escapar correndo. Animais velozes, como o antílope, frequentemente vencem seus caçadores na corrida, principalmente se conseguem largar com vantagem. O antilocapro – um tipo de antílope do oeste dos EUA – alcança velocidades de 85 km/h. Cavalos e avestruzes conseguem galopar a 80 km/h. Mas e quanto a nós, humanos? Bem, nós ficamos para trás, ofegantes. Os corredores mais rápidos chegam a meros 36 km/h em distâncias curtas. E aí acaba o fôlego.

DEPRESSA!

Disfarces

Se você não gosta de correr, talvez possa ficar parado e se confundir com o ambiente. O bicho-preguiça habita a floresta tropical sul-americana e move-se a sonolentos 241 metros por hora. Ele é tão lento que minúsculas plantas verdes crescem entre seus pelos. Isso lhe confere uma coloração que o torna difícil de identificar entre as árvores. Bem, você sabe o que é "preguiça". O naturalista Charles Waterton opunha-se ao estilo de vida descansado do animal...

O BICHO-PREGUIÇA É... TOTALMENTE INCAPAZ DE DESFRUTAR AS BÊNÇÃOS QUE FORAM TÃO GENEROSAMENTE DADAS À NATUREZA.

O que há de errado em não trabalhar e ficar pendurado de cabeça para baixo em árvores?

Muitas criaturas conseguem se esconder porque têm a mesma cor do ambiente em que vivem. Esse truque é chamado de "camuflagem". Mas os verdadeiros mestres da camuflagem são criaturas que mudam de cor para ficar iguais ao cenário. Veja o peixe linguado, por exemplo. É um tipo de peixe achatado. Certa vez um cientista colocou um tabuleiro de xadrez no fundo do tanque de um linguado. Em minutos o peixe assumiu um belo padrão xadrez. Pequenos grãos de cor na pele do linguado movem-se em resposta a sinais de seu cérebro. Esse truque deixa os agressores... com a língua de fora!

Mas, se você não consegue mudar de cor, talvez possa ficar invisível. Espantosamente, algumas criaturas como o bagre de vidro possuem corpo transparente. Eles se misturam com o ambiente porque pode-se ver através deles. ECA! Imagine se você pudesse ver seu almoço depois de comê-lo.

Prêmios de atuação para animais

Se tudo o mais falhar, você pode fingir ser outra criatura, mais perigosa. De preferência um animal feroz e venenoso, ou algo que ninguém gostaria de comer. É, animais também sabem ser atores. Bem-vindo ao Oscar Animal.

MELHOR ATOR/ATRIZ (categoria cobra)

INDICADA
A totalmente inofensiva cobra-coral-falsa quase venceu com sua soberba imitação de uma cobra-coral-venenosa. A falsa coral tem os mesmos anéis vermelhos, amarelos e pretos em seu corpo, mas em ordem diferente. Então, observe com cuidado!

VENCEDORA
A cobra gopher é a vencedora, por sua fantástica atuação como cascavel. A gopher é inofensiva, mas silva como uma cascavel e até mesmo bate a cauda contra folhas secas para chocalhar os nervos do agressor.

MELHOR ATOR/ATRIZ (categoria imitação de planta)

INDICADO
O pássaro australiano frogmouth tem uma atuação sensacional quando está dormindo! Ele sempre dorme em galhos de árvore e parece apenas um galhinho podre!

VENCEDOR
O dragão-marinho é um tipo de cavalo-marinho. Ele leva este prêmio porque se parece muito com um pedaço de alga marinha.

MELHOR DISFARCE NOJENTO

INDICADO
O sapo Budgett, da Argentina, chega em segundo nesta categoria. Ele consegue se inflar, ficando parecido com uma grande bola de lodo, e então grita e ronca se você se aproximar demais.

VENCEDOR
Nosso vencedor é um sapo do Equador. Ele se esparrama numa folha e fica parecendo um nojento e viscoso cocô de passarinho.

Estranhas estratégias de sobrevivência

Os animais têm muitos outros truques de sobrevivência, e alguns destes são realmente estranhos. Quais das estratégias de sobrevivência a seguir são muito estranhas para serem reais?

1. O sapo-boi, do oeste da América do Norte, esguicha sangue de seus olhos para assustar seus agressores. VERDADEIRO/FALSO
2. A arara sul-americana afasta seus agressores com uma imitação brilhante do grito da águia. VERDADEIRO/FALSO
3. A cobra-de-vidro de Pallas é, na verdade, um lagarto sem pernas. Quando atacado, o corpo de 1,5 metro do lagarto se divide em pedaços que ficam se contorcendo. Na confusão, o pedaço com a cabeça consegue escapar e depois forma um novo corpo. VERDADEIRO/FALSO
4. O *Acanthiphera* é um camarão que habita as profundezas do oceano. Quando atacado, dispara luzes ofuscantes e volta a se esconder na escuridão. VERDADEIRO/FALSO
5. O sapo de quatro olhos chileno tem um par de manchas em suas coxas que ele mostra aos agressores em potencial. Essas manchas se parecem com olhos enormes e espantam a maioria dos agressores. VERDADEIRO/FALSO

Respostas: 1 VERDADEIRO, 2 FALSO, 3 e 4 VERDADEIRO, 5 FALSO.

Contra-ataque

Algumas criaturas contra-atacam se têm amigos por perto para apoiá-las. Isso é surpreendentemente comum, e o objetivo é afugentar o predador. Pássaros, por exemplo, atacam uma coruja se estiverem em número suficiente. Chimpanzés se juntam para encarar um leopardo, e esquilos em grupo chutam areia nos olhos de cobras. Você conseguiria fazer o mesmo com o valentão da escola?

Quando um animal está encurralado, sem chance de escapar, ele frequentemente lutará por sua vida. Até mesmo ratos e seus filhotes fazem isso. Assim, se alguém disser que você é um "rato", sinta-se elogiado.

Você chega ao fim do dia. Um dia em que driblou predadores horríveis e lutou por sua vida. E continua vivo... ainda. Meus parabéns! Você deve estar faminto o suficiente para comer qualquer coisa. Espero que sim. Chegou a hora de bancar o glutão.

NÃO É BOM QUANDO O JANTAR CONTRA-ATACA!

Comilança repulsiva

Animais adoram comer e sempre querem repetir. E o pior: não se importam com boas maneiras à mesa. Veja o que temos para o jantar...

> **AVISO**
> Pessoas que ficam enojadas com exageros à mesa, arrotos etc., devem pular este capítulo. Evite, também, ler esta parte em voz alta à mesa de refeições. Você pode acabar sozinho e ter de terminar o prato dos outros. Um horror!

Incrível equipamento para comer

Todo animal possui boca e sistema digestório perfeitamente adaptados para comer seu prato favorito. Veja alguns exemplos:

1. Girafas possuem língua com 30 cm de comprimento, ideal para agarrar folhas e arrancá-las de árvores altas. Mas isso é pouco: o tamanduá sul-americano usa sua língua grudenta de 60 cm para comer formigas. Ele pode devorar até 30 mil delas por dia.

2. O hamster asiático e do sudeste europeu possui bolsas nas bochechas para armazenar sementes. Às vezes ele as enche com tanta comida que mal consegue voltar para casa. Esses hamsters bochechudos guardam até 90 kg de sementes em suas tocas.

3. Crocodilos possuem mandíbulas enormes, úteis para arrastar as presas para suas covas aquáticas. Um crocodilo de 1 tonelada possui uma força de 13 toneladas em suas mandíbulas. Isso é 26 vezes mais forte que uma mordida humana.
4. Elefantes chupam água através de sua tromba. A tromba comporta até 6,8 litros e um elefante sedento pode tomar até 227 litros de água por dia.
5. Uma cobra consegue deslocar suas mandíbulas para engolir presas maiores que sua própria cabeça. Uma cobra africana que come ovos usa esse truque para engoli-los sem quebrá-los – e eles nem foram cozidos antes! Não tente fazer o mesmo em casa.

6. Um flamingo come virando a cabeça para baixo dentro da água enquanto se equilibra em suas longas pernas. Em seguida, ele balança a cabeça de um lado para outro, enchendo a boca de água. Então, usando a língua e uma peneira que possui dentro da boca, retira pequenas criaturas da água. Delícia!
7. Camaleões ficam parados em árvores esperando que insetos apareçam. De repente, surge uma mosca e o camaleão abre a boca. Ele dispara sua língua grudenta e a recolhe sem que você consiga ver o que aconteceu. O camaleão parece feliz – como se isso fosse possível –, mas e a mosca? Desapareceu. Sapos alimentam-se da mesma forma nojenta.

Desafio VOCÊ a descobrir... como um gato bebe?

Você vai precisar de
Si mesmo(a)
1 tigela de leite ou água
1 espelho

Como fazer

1. Olhe para sua língua no espelho. Um gato consegue dobrar os lados da língua, fazendo-a assumir o formato de uma pá. Você pode fazer o mesmo?

2. Tente lamber o leite. Você tem de empurrar o leite para o fundo da garganta usando a língua. É difícil?

a) Não. Moleza.

b) É impossível levar mais do que algumas gotas de líquido para a boca.

c) Totalmente impossível. Felizmente o gato apareceu e bebeu o leite.

Resposta: b) A maioria dos humanos não consegue fazer a língua assumir o formato correto.

Truques à mesa

Se o seu equipamento de alimentação não ajuda muito, pode tentar estes truques...

1. O pássaro gaio verde, dos EUA, segura gravetos no bico, com os quais cutuca cascas de árvore para desalojar insetos.

2. Chimpanzés enfiam gravetos em ninhos de cupins e comem os insetos que conseguem apanhar dessa forma.

3. A lontra-do-mar abre mexilhões numa pedra equilibrada sobre seu peito enquanto nada de costas. (Não tente isso na piscina do clube ou da escola. Ou melhor: nunca tente fazer isso!)

4. Sabiás abrem conchas de caramujos batendo-as contra uma pedra. Essas pedras geralmente estão rodeadas de conchas quebradas.

À parte os objetos que usam para ajudá-los a comer, alguns animais possuem...

Terríveis modos à mesa

1. Um sapo usa seus globos oculares como auxílio para engolir uma mosca suculenta. Ele pisca enquanto engole, empurrando os globos oculares para dentro da cabeça e, assim, diminuindo a pressão dentro da boca. Isso torna a deglutição mais fácil, ainda que mais nojenta.

2. O quelé de bico vermelho é um pássaro pequeno que vive no sul do deserto do Saara, África. Sua comida favorita são sementes de plantações humanas. Nada de errado com isso, a não ser que o quelé gosta de voar em bandos de até 10 milhões de pássaros. Quando essa turma aparece para o jantar, não sobra nada para ninguém.
3. Muitos animais escondem comida extra. Nós já ouvimos falar que esquilos escondem nozes no outono, mas você sabe por que cachorros enterram ossos? Quando viviam em ambientes selvagens, há milhares de anos, os cachorros enterravam ossos para impedir que outras criaturas comessem o tutano do osso. E eles ainda fazem o mesmo truque depois de todos esses anos. Bem, dizem que não é possível ensinar novos truques para um cão velho...
4. O abutre-barbudo também adora tutano de osso. Esse pássaro joga ossos de 80 metros de altura sobre pedras para quebrá-los. Há rumores de que ele faz isso com infelizes tartarugas e que até se diverte bombardeando montanhistas.

> ESTAMOS RETORNANDO À BASE. O JOÃO FOI DERRUBADO POR UM ABUTRE, CÂMBIO...

5. Corujas comem pequenos animais inteiros e depois vomitam a pele e os ossos na forma de bolinhas.
6. O método de se alimentar da estrela-do-mar é de virar o estômago. Ela come peixes e outros animais apodrecidos. No momento oportuno, espreme seus músculos para fazer

o estômago sair pela boca. Então, seus sucos digestivos dissolvem a refeição putrefata.

7. Muitos animais que comem grama, como as vacas, têm uma área especial do estômago chamada rúmen. Ali, a comida é amaciada por algumas horas, com sucos digestivos, antes de ser vomitada para a boca, onde é mastigada mais um pouco. "Ruminar", como é chamado, ajuda a digerir as plantas. Imagine se os humanos fizessem o mesmo. Podemos ruminar a respeito.

Fatos fundamentais sobre comida

Uma cadeia alimentar não tem nada a ver com prisões e carcereiros. É muito mais fascinante que isso. "Cadeia alimentar" é o nome usado por naturalistas para descrever os elos vitais entre animais e as criaturas infelizes que comem. A maioria das cadeias alimentares começa com plantas, sendo que uma cadeia típica é algo assim:

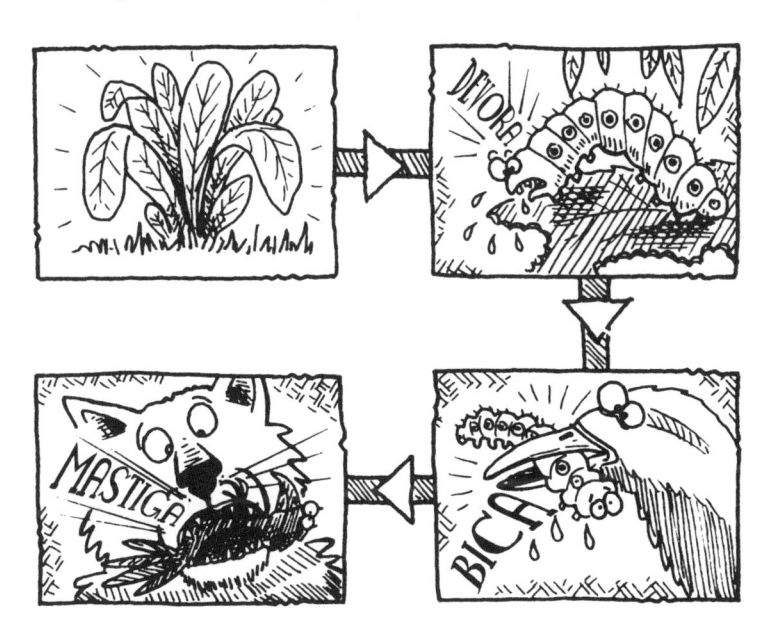

Uma teia (nada a ver com aranhas) alimentar liga as cadeias alimentares de determinado *habitat*. Assim, podemos ter algo como:

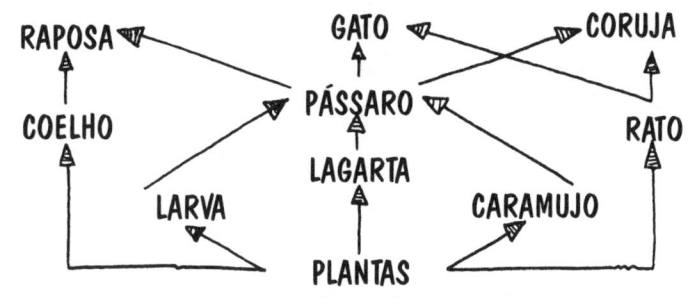

```
RAPOSA ◄────      GATO ◄──┐   ┌──► CORUJA
   ▲              ▲        ╲ ╱        ▲
   │              │         ╳         │
COELHO    ──► PÁSSARO ◄──  ╱ ╲        RATO
   ▲              ▲                   ▲
   │           LAGARTA                │
   │    LARVA    ▲      CARAMUJO      │
   │       ◄─              ◄─         │
   └──────────► PLANTAS ◄─────────────┘
```

A direção das setas indica "quem serve de comida pra quem". Assim, as plantas servem de alimento para a lagarta, que serve de alimento para o pássaro, que serve de alimento para o gato... e assim por diante.

Os animais dependem uns dos outros e de plantas. Elimine as plantas e os insetos, e os coelhos e os ratos morrem de fome. Se estes também desaparecerem, seus predadores vão igualmente passar fome.

O estranho é que, se os animais no topo da teia desaparecerem, os resultados também serão ruins. Se a raposa sumisse, mais coelhos sobreviveriam para cruzar e se multiplicar. Isso é bom para os coelhos? Não necessariamente. Esses bichos fofinhos acabariam com as plantas. O que seria mau para insetos, pássaros, ratos e outros animais que usam as plantas como comida e abrigo. E é claro que, no final, os próprios coelhos acabariam passando fome.

Dietas detestáveis

Cada animal tem seu tipo de comida preferido. Animais que só comem plantas denominam-se herbívoros (e não vegetarianos – assim são chamados só os humanos herbívoros). Animais que só comem carne são carnívoros. E bichos que comem de tudo (incluindo humanos, que gostam de carne e vegetais) são onívoros. Simples, não é? Mas alguns animais gostam de acompanhamentos que são de virar o estômago. Você consegue relacionar os animais às coisas horríveis que comem?

ANIMAIS

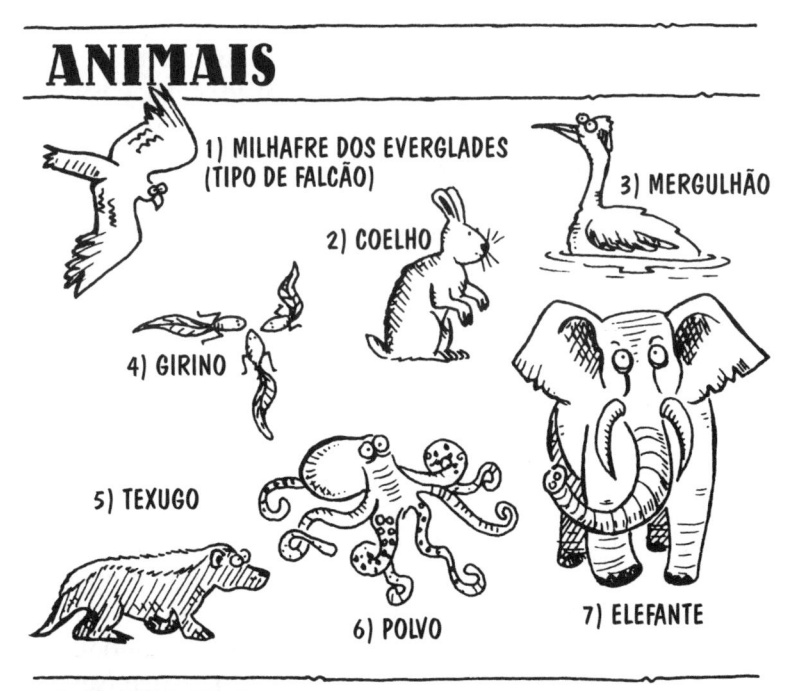

1) MILHAFRE DOS EVERGLADES (TIPO DE FALCÃO)
2) COELHO
3) MERGULHÃO
4) GIRINO
5) TEXUGO
6) POLVO
7) ELEFANTE

COMIDA

a) LESMA DA MAÇÃ
b) SUAS PRÓPRIAS BOLINHAS DE FEZES
c) TENTÁCULO DE POLVO
d) LARVAS DE BESOURO NUM MONTE DE COCÔ DE ELEFANTE
e) PENAS
f) GIRINOS
g) PEDAÇOS DE ROCHA VULCÂNICA

Respostas: 1 a) O milhafre só come lesmas. Se não encontrar nenhuma, passa fome. **2 b)** Coelhos têm uma bolsa, no sistema digestório, cheia de bactérias, onde a comida apodrece e fica mais fácil de digerir. Ao comer suas próprias fezes, o coelho dá à comida uma segunda chance para apodrecer e ser mais nutritiva. Eca! Que ideia podre! **3 e)** Ninguém sabe por que ele faz isso, mas as penas ajudam o pássaro a vomitar ossos de peixes. Lindo. **4 f)** Sim, seus próprios irmãos e irmãs. Existem dois tipos de girino: inofensivos comedores de plantas e canibais com dentes afiados. Imagine o que acontece quando se encontram... **5 d)** Se eu fosse o texugo, restringiria minha dieta ao mel! **6 c)** Um polvo come seu próprio tentáculo quando está com muita fome. Felizmente para ele, outro tentáculo cresce para substituir o lanchinho. **7 g)** Elefantes visitam uma caverna no monte Elgon, África Oriental, para mastigar pedaços de rocha. Cientistas acreditam que a rocha contém minerais que mantêm os elefantes saudáveis.

O animal mais exigente do mundo

Você já teve de alimentar um bicho exigente? Ele vai fazer você agradecer por seus "problemas". Certos pássaros do Cabo, na África do Sul, só comem insetos que vivem em arbustos de proteáceas. Trata-se de uma planta rara, encontrada somente na ponta mais ao sul da África. Essa ave também só bebe néctar de proteácea. Cada pássaro tem seus próprios arbustos, que protege zelosamente de seus concorrentes.

O animal menos exigente do mundo

Igual a muitos outros pássaros, a avestruz engole pedras para ajudá-la a triturar alimentos numa parte de seu estômago chamada moela.

Avestruzes normalmente comem folhas e sementes, mas, de acordo com seu dono, uma avestruz comeu...

UM COLAR E DUAS ABOTOADURAS DE OURO

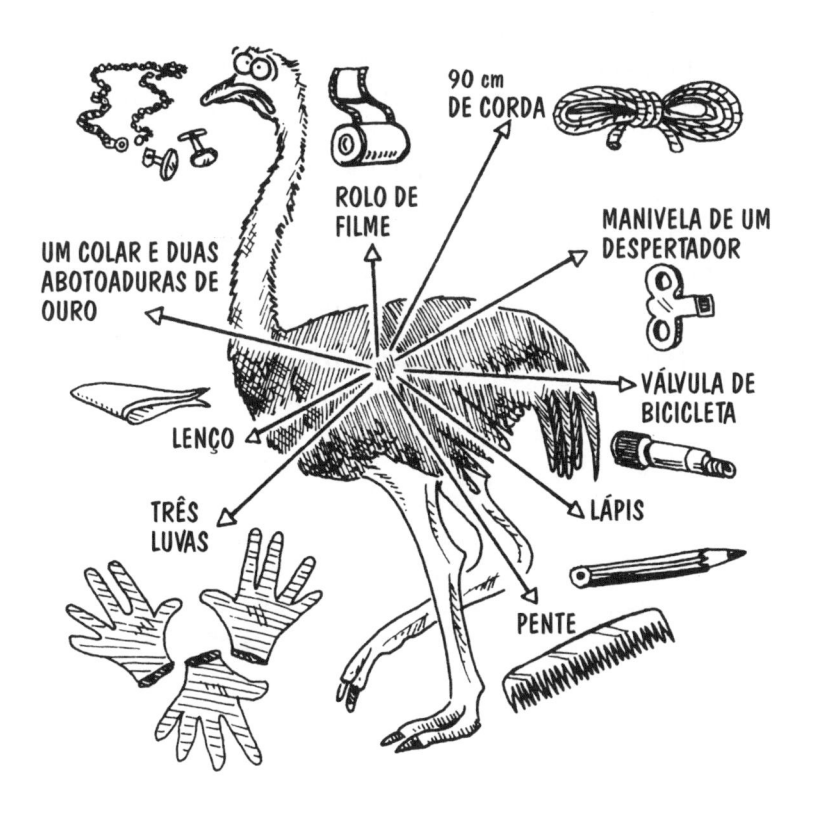

ROLO DE FILME

90 cm DE CORDA

MANIVELA DE UM DESPERTADOR

VÁLVULA DE BICICLETA

LENÇO

TRÊS LUVAS

LÁPIS

PENTE

Criaturas limpas

Animal sujo? Besta imunda? Não acredite nisso! Apesar de seus imundos hábitos de alimentação, a maioria dos animais gosta de se limpar. Mas talvez seus pais não aprovem se você copiar alguns desses métodos de limpeza.

Gatos são flexíveis e conseguem se lamber por inteiro. Conseguem lamber até mesmo o traseiro – uau! Eles lavam o rosto lambendo as patas e as esfregando no rosto. Pelos soltos grudam na língua áspera, enquanto os dentes da frente removem sujeira e pele morta. Os gatos vomitam os pelos que engolem. A saliva dos gatos, como a de qualquer animal, é boa para matar germes na pelagem.

Búfalos, hipopótamos e javalis africanos adoram rolar na lama para se refrescar. É algo muito sensato que fazem. A lama espessa os mantém frios e os protege de insetos. Pássaros frequentemente se limpam permitindo que formigas rastejem por seu corpo. Eles gostam da sensação de formigamento. Além disso, o ácido fórmico desprendido pelas formigas mata parasitas que se alojam nas penas. Sentar-se no topo de uma chaminé fumacenta tem o mesmo efeito. A fumaça espanta os parasitas.

Abutres, hienas e companhia

Depois que um animal se satisfez comendo, se limpou e foi embora, novas criaturas aparecem para se banquetear das sobras. São aquelas que comem refugos de comida e animais mortos. Parece nojento, mas, se ninguém comesse os esqueletos, hoje estaríamos afogados em ossos. Então talvez ela não mereçam reputação tão horrível, certo? Continue lendo, se tiver coragem, e decida você mesmo.

1. O peixe-bruxa (também conhecido como feiticeira) parece uma salsicha nadadora, sem apresentar mandíbulas nem ossos. Ele gosta de comer peixes mortos de dentro para fora, deixando apenas a pele e os ossos.
2. O dragão-de-komodo é enorme, o maior lagarto do mundo. Essa criatura com 3 metros de comprimento esgueira-se pela ilha de Komodo, na Indonésia. Apesar da aparência assustadora, alimenta-se principalmente de porcos e cervos mortos.

3. Em Harare, na Etiópia, até o final da década de 1960 usavam-se hienas para manter as ruas limpas da carne que sobrava dos açougues. Todo ano as trabalhadoras hienas eram recompensadas com uma bela e fedida vaca morta. As hienas faziam um bom serviço, mas tinham o péssimo hábito de desenterrar cadáveres.

4. Aproveitando que estamos neste assunto, nossa velha amiga, a tartaruga mordaz (vista pela última vez comendo dedos humanos no esgoto), adora beliscar cadáveres. Tanto que a polícia da Flórida, EUA, usa tartarugas mordazes domesticadas para farejar corpos. Pense só no que elas devem ganhar como recompensa! E falando de cadáveres...

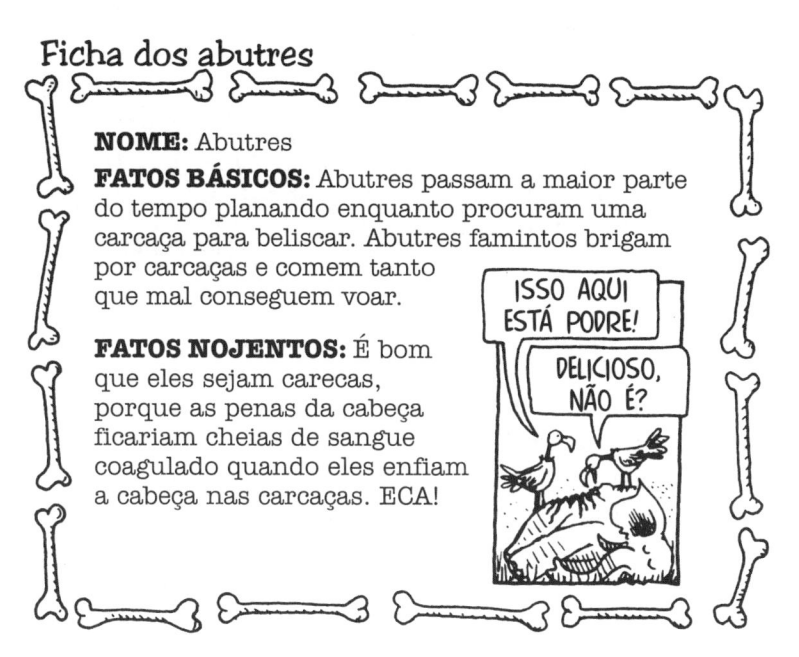

Ficha dos abutres

NOME: Abutres

FATOS BÁSICOS: Abutres passam a maior parte do tempo planando enquanto procuram uma carcaça para beliscar. Abutres famintos brigam por carcaças e comem tanto que mal conseguem voar.

FATOS NOJENTOS: É bom que eles sejam carecas, porque as penas da cabeça ficariam cheias de sangue coagulado quando eles enfiam a cabeça nas carcaças. ECA!

ISSO AQUI ESTÁ PODRE!

DELICIOSO, NÃO É?

E você, gostaria de convidar um abutre para o jantar? Algumas pessoas convidam. Leia a história.

Restaurantes de abutres

Em 1973, John Ledger, diretor do Fundo de Preservação da Fauna Ameaçada, na África do Sul, estava muito preocupado.

– Pobres abutres, temos de fazer algo para ajudá-los – ele disse a seus amigos.

Alguns de seus amigos leigos não conseguiam entender como alguém podia sentir pena de um abutre. Nesse caso, John explicava pacientemente qual era o problema.

Os abutres estavam em apuros. Em 1948, montanhistas escalaram as montanhas Magaliesberg, perto de Johannesburgo, e colocaram anéis de identificação em todos os filhotes de abutre que encontraram. Os bebês defenderam-se cuspindo nos montanhistas – veja como são ingratos! A pesquisa mostrou que havia 12 mil abutres na área. Os cientistas acreditavam que o número já tinha sido muito maior.

Mas a região tinha se tornado dedicada à agricultura, e havia escassez de grandes animais mortos para os abutres comerem. Pior ainda, estes alimentavam suas crias com lixo. E não estou falando de hambúrguer com fritas, mas lixo mesmo, como anéis de latas de refrigerante. Essa dieta fazia horrores com as vísceras dos jovens abutres. Não é de estranhar que metade dos filhotes morresse todos os anos.

É aí que entram os restaurantes para abutres. O plano era simples, mas brilhante: cercar uma área onde se deixariam algumas carcaças, garantindo que os ossos fossem quebrados para que os abutres pudessem saborear o delicioso tutano. Enquanto algumas pessoas ficavam de estômago virado com essa ideia, os abutres reviravam o estômago (e outras coisas) de animais mortos.

Hoje, existem mais de cem restaurantes para abutres, oferecendo cardápios deliciosos e variados, como cavalos de corrida, touros e até elefantes mortos.

Eles já tiveram até um humano como prato do dia. Mickey Lindbergh, devotado amigo dos abutres, matou-se em 1987 dentro de um restaurante de abutres. Seu último ato na Terra foi para garantir que seus amados abutres fossem alimentados. Com seu próprio cadáver!

Mas existe uma criatura que faz os abutres parecer inocentes pombinhos. Uma criatura que faz o pior professor parecer amistoso e fofo. A vil, violenta, voraz RATAZANA. Veja do que esta criatura é capaz:

As aventuras da Super-Ratazana

Uma ratazana pode cair do quinto andar de um prédio e pousar de pé – sem se machucar!

Ela pode se espremer por um buraco do tamanho de uma moeda.

Lutar com criaturas com três vezes o seu tamanho... e vencer!

Uma ratazana pode sobreviver a uma descarga de privada. Na verdade, esse pode ser um novo esporte aquático para ratazanas.

Uma ratazana pode cair no mar e nadar três dias sem se cansar.

> VEJA AQUILO! ASSOMBROSO!

Ratazanas tomam sopa e cerveja. E devoram qualquer coisa remotamente comestível, incluindo o que servem na escola.

> UMA MERENDA ESCOLAR INTEIRA! ECA!

Mas, apesar de seus nojentos hábitos alimentares, uma ratazana consegue identificar diminutas porções de veneno na comida. Mesmo que o veneno seja *um milionésimo* do peso da comida.

> ELA ESTÁ COMENDO... ESPERE... FANTÁSTICO!

Ratazanas podem roer de tudo, incluindo canos de chumbo, madeira, tijolos, concreto e cabos elétricos com energia.

Os dentes da ratazana crescem sem parar. Se ela não roesse coisas, seus dentes acabariam se curvando e entrariam em seu cérebro!

Um quinto de todas as safras produzidas pelos humanos é comido por ratazanas. Somente na Índia, a quantidade de grãos comidos por ratazanas seria suficiente para encher um trem com 4.800 km de comprimento.

Em troca de toda essa comida, as ratazanas nos devolvem 20 tipos de doenças mortais, por meio de mordidas e de suas pulgas.

Queridas ratazanas?

Apesar disso tudo, algumas pessoas dizem que as ratazanas não são tão ruins. Você acredita? Veja alguns fatos para você ruminar:

1. **Ratazanas são muito limpas.** Elas passam grande parte da vida se lambendo.
2. **Elas não comem humanos** – quando estes estão vivos. Então, se você for atacado(a) por uma ratazana, assuste-a gritando. Bem, é o que você faria de qualquer jeito, certo? Dessa maneira o animal saberá que você está vivo(a) e apto(a) a se defender.
3. **Ratazanas tornam-se bichos de estimação mais afeiçoados** que porquinhos-da-índia ou hamsters. Elas adoram ser

acariciadas e abraçadas. Mas não tente fazer isso com ratazanas selvagens.

4. Se você se cansar dela como bichinho de estimação, pode comê-la. Ratazanas têm gosto de coelho e fritas em óleo de coco são uma iguaria nas Filipinas.

5. Um casal de ratazanas pode produzir até 15 mil filhotes por ano. Apesar disso, eles realmente gostam de sua família, e só comem seus bebês quando estão com *muita* fome. Comparadas a alguns animais, estas são famílias felizes.

Criando uma família

Como são seus familiares? Íntimos, amorosos, dedicados? Ou brigam muito e jogam coisas uns nos outros? Muitos animais cuidam de seus filhotes o melhor que podem (conte isso para seus pais). Mas animais não são tão felizes e têm o hábito nojento de comer seus próprios familiares. Isso dá um sentido totalmente diferente à expressão "refeições em família".

Acasalamento

O primeiro passo para se constituir uma família animal é encontrar um(a) parceiro(a), um membro do sexo oposto para começar uma família. Os machos costumam exibir um comportamento surpreendente para atrair uma fêmea.

Da mesma forma que adolescentes humanos, que capricham na produção ao se vestir para sair, pássaros machos fazem o mesmo para atrair suas fêmeas. Muitas espécies desenvolvem penas vivamente coloridas, como o maravilhoso pavão ou o pato-real de cabeça verde.

Muitos pássaros cantam para chamar a atenção, e as fêmeas escolhem os que cantam mais alto. Mas outros animais também "cantam" para atrair suas fêmeas. Por exemplo, as canções das baleias-jubarte podem ser ouvidas a centenas de quilômetros – para o caso de alguma fêmea disponível estar em algum canto longínquo do oceano. Mesmo os gafanhotos podem se pôr de pé, na época do acasalamento, e guinchar suas pequenas canções.

Outro truque usado por pássaros machos é construir um ninho confortável para a fêmea pôr seus ovos. Mas nenhum pássaro capricha tanto quanto a ave-do-paraíso australiana.

IMOBILIÁRIA CÉREBRO DE PASSARINHO

AJUDANDO VOCÊ A ENCONTRAR SEU NINHO IDEAL

VENDE-SE
Belíssimo caramanchão.

DESCRIÇÃO
As acomodações consistem numa plataforma com paredes feitas de plantas trançadas.

CARACTERÍSTICAS FANTÁSTICAS
O caramanchão vem completo, com interior planejado por decorador: uma interessante coleção de conchas azuis, penas, tampas de garrafas e canetas, ossos de animais, crânios de passarinhos e pedaços de insetos mortos. O atual proprietário pintou as paredes com um belo tom de azul, usando mirtilos mastigados, cuspe e um graveto preso no bico.

Observação: 1. Compradores em potencial devem ter em mente que a propriedade precisa ser repintada todos os dias, na cor de sua preferência, desde que seja azul. Cuidado, também, com as aves--do-paraíso vizinhas, que costumam roubar coisas do ninho.

2. Tudo bem, você não gosta de azul. Não se preocupe. Outras variedades da ave-do-paraíso usam tons de verde, cinza e vermelho. Assim, você dispõe de uma boa escolha de cores para seu ninho.

Outro método de encontrar uma fêmea é derrotar em luta todos os outros machos. Isso faz com que as fêmeas gostem do macho – e, mesmo se não gostarem, não há muitas opções, pois só sobrou um.

Entre os animais cujos machos lutam estão os veados (para isso servem seus cornos), girafas e gatos. As girafas tentam se cabecear, mas a briga acaba virando um concurso de pescoços. Pássaros machos também lutam. E, como na maioria das lutas entre animais da mesma espécie, raramente algum indivíduo morre. Somente os horríveis humanos matam os seus. Será? Mas então por que os sabiás, às vezes, têm fins nojentos?

OS ARQUIVOS DO INVESTIGADOR PASSARINHO

SEGUNDA-FEIRA

Um sabiá foi encontrado morto, com as pernas para cima, às 6 horas desta manhã. O corpo havia sido parcialmente depenado. Para começar, suspeitei da gata do vizinho. Mas ela estava na cama na hora do crime, e a necropsia revelou que a vítima foi bicada até a morte. Suspeito de uma traição nesse caso. Ofereci uma recompensa de 50 minhocas por qualquer informação.

PARCIALMENTE DEPENADO

PRIMEIRO SUSPEITO

TERÇA-FEIRA

O sabiá foi visto pela última vez enchendo o peito e cantando alto, numa tentativa de espantar um intruso. Então, veio o silêncio. Um pardal se entregou e está cantando como um canário, mas não acredito em sua confissão. Todas as provas apontam em outra direção.

O PARDAL AFIRMA QUE FOI ELE

Quem você acha que realmente matou o sabiá?
a) Uma sabiá fêmea.
b) Seu próprio filho.
c) Uma águia.

Resposta: b) Apenas sabiás machos lutam e uma águia teria levado o corpo para comer. Parece que, afinal de contas, os sabiás não são tão bonitinhos assim. Eles frequentemente lutam com seus filhos por território, pois sabiá sem território morre de fome no inverno. Mortes por luta são raras, mas acontecem.

Desafio você a descobrir... como é dentro de um ovo?

Algum tempo depois do acasalamento, as fêmeas dão cria. Mamíferos produzem filhotes vivos, mas outros animais põem ovos. Você ousa descobrir os segredos dentro de um ovo?

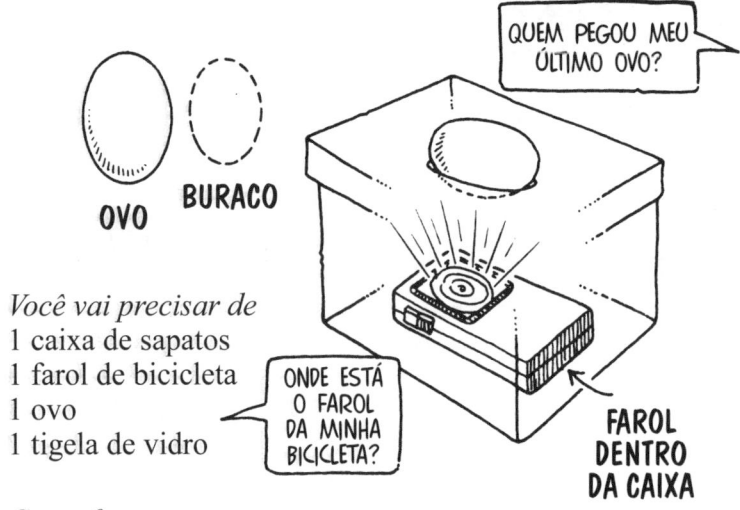

OVO   BURACO

Você vai precisar de
1 caixa de sapatos
1 farol de bicicleta
1 ovo
1 tigela de vidro

QUEM PEGOU MEU ÚLTIMO OVO?

ONDE ESTÁ O FAROL DA MINHA BICICLETA?

FAROL DENTRO DA CAIXA

Como fazer

1. Faça um risco ao redor do ovo na tampa da caixa. Corte um buraco onde possa encaixar o ovo sem que este caia dentro da caixa.
2. Ponha o farol na caixa, ligue-o e coloque a tampa de volta. Coloque o ovo no buraco.
3. Apague as luzes e/ou feche as cortinas.

4. Você deve poder ver a gema dentro do ovo.

5. Com cuidado, bata o ovo na borda da tigela e deixe seu conteúdo deslizar para dentro da tigela. Veja bem, para dentro da *tigela*, e não *para o chão*.

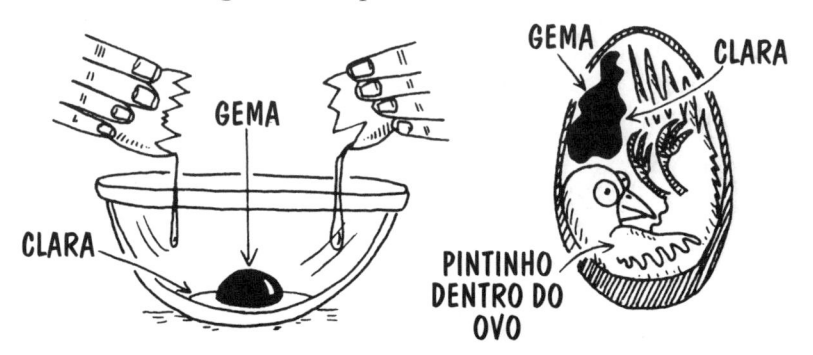

6. O ovo consiste na parte amarela, a gema, e na parte clara e viscosa, a... clara. Ou, para usar seu nome científico, o albume. Embora você não vá conseguir ver, a gema é mantida na posição por dois cordões.

A partir de suas observações, como acha que o pintinho consegue respirar dentro do ovo?

a) Ele respira o ar que passa pela casca.
b) Ele não precisa respirar até romper a casca.
c) Deve haver uma bolha de ar dentro do ovo.

Resposta: a) A casca deixa entrar ar, mas não água. O ar entra na corrente sanguínea do pintinho em desenvolvimento. E TAMBÉM **c)** uma bolha de ar se forma na extremidade mais larga do ovo. Mas **c)** só está meio certa, porque o pintinho só respira o ar da bolha alguns dias antes de romper a casca.

Você conseguiria ser um naturalista?

A maioria dos pássaros alimenta seus filhotes regurgitando a comida em suas gargantas. Regurgitar – palavra elegante para vomitar. Que beleza!

O naturalista holandês Nikolaas Tinbergen (1907-1988) quis descobrir o que provoca isso. Ele reparou que filhotes de gaivota bicam uma mancha vermelha no bico de seus pais. Assim, Tinbergen se dispôs a descobrir a importância dessa mancha.

Ele fez uma cabeça (bem tosca) de gaivota, com a mancha. Também pegou uma cabeça de gaivota morta e pintou o bico da ave, escondendo a mancha. Qual das duas cabeças os filhotes preferiram bicar?

a) A cabeça da gaivota morta – eles pensaram que era o jantar.
b) A cabeça falsa, porque tinha a mancha.
c) Nenhuma delas. A cabeça da gaivota morta perturbou-os tanto que eles se esqueceram de bicar qualquer coisa.

Resposta: b) O que você esperava? A visão de uma cabeça humana lhe daria fome? Tinbergen continuou a pesquisa e provou que a cor vermelha não era importante. Qualquer cor servia, desde que a mancha fosse claramente visível.

Aposto que você não sabia!

Alguns filhotes não se parecem com seus pais, e sua aparência muda completamente quando crescem.

1. Girinos não se parecem com sapos adultos. Por exemplo, os girinos têm cauda, mas não possuem pernas, e respiram através de guelras externas. Aos poucos, as guelras são absorvidas e, de repente, uma ou duas pernas aparecem no corpo do girino. Este pode, durante algum tempo, ter apenas duas ou três pernas. Então, quando todas as quatro aparecem, a cauda é absorvida pelo corpo. A vida para um sapo pode ser horrivelmente confusa.

2. Um bebê de canguru se parece com uma minhoca cor-de-rosa, e é do tamanho de um feijão cozido. Ele tem apenas um duodécimo milésimo do tamanho da mãe. De alguma forma, o bebê canguru consegue rastejar pela pelagem da mãe até chegar à sua bolsa, onde pode mamar seu leite. Depois de sete meses ele já está grande o suficiente para dar seus pulinhos fora da bolsa. Com onze meses tem de sair da bolsa definitivamente. Quase imediatamente outro bebê ocupa seu lugar.

3. Em termos de crescimento isso não é nada. Uma baleia-azul começa sua vida como um ovo, produzido pela mamãe, que pesa apenas 0,0009922 grama. Então o bebê se desenvolve até chegar a 26 toneladas. Seria o mesmo que você aumentasse de peso 30 bilhões de vezes.

ESPERO QUE TENHA FEITO SEU DEVER DE CASA, OU VAI TER PROBLEMAS, E DOS GRANDES!

Prêmio "Melhores Pais"

Muitos pais e mães animais alimentam e limpam seus filhotes. E estes são pais especialmente dedicados...

Terceiro prêmio
Mamãe Crocodilo

As mamães crocodilo enterram seus ovos na areia perto de rios. Noventa e cinco dias depois, elas ouvem os bebês piando dentro dos ovos e vão lá desencavá-los. Depois que eles saem de dentro dos ovos, a mamãe os carrega dentro da boca enorme até o rio, onde os solta. Durante os meses seguintes ela os alimentará com pedacinhos de sapos suculentos, peixes e insetos crocantes.

> NÃO ESQUEÇA QUE ESTAMOS AQUI, MAMÃE!

Segundo prêmio
Sra. Sapo do Suriname

Ela é muito feia – até mesmo pelos padrões dos sapos. (Até mesmo os amigos dela concordariam – se tivesse algum amigo!) Ela não tem olhos, nem dentes, nem língua.

Mas tem uma boca enorme, que come qualquer coisa que se mova. De alguma forma ela carrega seus girinos nas costas, dentro de pequenas bolhas sob a pele. Pacientemente, os abriga durante dois meses, até que eles saiam como versões menores (e feias) dela mesma.

Primeiro prêmio
Sr. Pinguim Imperador

Quando a Sra. Pinguim vai para o mar pescar, o Sr. Pinguim junta-se a milhares de outros machos que esperam, de pé, no frio de gelar da Antártida. Cada macho equilibra um ovo grande sobre os pés para mantê-lo quente. Se o ovo cair, o filhote, lá dentro, morre. E lá fica o macho, durante 40 dias e noites sem comida ou abrigo até que sua companheira retorne. Às vezes a temperatura cai a -40 °C. Que herói!

Terríveis famílias de animais

É claro que nem todas as famílias de animais são assim tão carinhosas. Muitos tipos de peixes, répteis e anfíbios simplesmente abandonam seus ovos e deixam as crias para sobreviver do jeito que puderem. Se puderem.

> SOCORRO! PAI, MÃE, ONDE ESTÃO VOCÊS?

Para os peixes, principalmente, não importa se alguns bebês são comidos. Uma única fêmea de bacalhau põe 8 milhões de ovos por vez. Se todos sobrevivessem, os mares estariam entupidos de bacalhau. Aliás, é disso que trata a teoria de Darwin sobre seleção natural. Vão sobreviver bacalhaus suficientes para produzir a próxima geração.

Nem todos os animais são cuidados por ambos os pais. Famílias de elefantes, por exemplo, são constituídas por fêmeas sob o comando de uma delas, a mais velha. Ela decide quando e onde devem ir procurar água. Os bebês são cuidados por todas, mas quando os machos crescem eles são expulsos e devem ir viver com outros machos. Se você tem um irmão insuportável, pode até concordar com a ideia das aliás (fêmea do elefante). Isso se você for uma fêmea, é claro.

Lições letais

Se você for um animal bebê, precisa urgentemente aprender algumas lições de sobrevivência. Se tiver sorte, seus pais vão lhe ensinar.

1. Filhotes de gaivota têm de aprender a voar e nadar. Assim, seus pais os empurram de um penhasco. Se voarem, ótimo. Do contrário, é melhor aprenderem a nadar.

2. A mamãe andorinha leva comida para seus filhotes, mas fica planando fora de alcance. Se os pequenos quiserem pegar as larvas, precisam aprender a voar.

3. A mamãe guepardo pega uma gazela e depois a solta, para que seus filhotes a cacem. Se a gazela escapar, os garotos aprendem uma lição: passam fome.

4. Quando seus filhotes já estão grandes, chega a hora em que a ursa cinzenta os faz subir numa árvore. Em seguida, ela vai embora. Começa a maior lição de todas: como sobreviver sozinho.

> VOLTE AQUI, MÃE!
>
> SÓ PRECISAMOS DE UMA COISA...
> ...UMA ESCADA!

Mas todo animal jovem (e crianças humanas também) deve aprender outra lição. No final do dia, precisam ir dormir. Mas enquanto você está confortável em sua cama, sob as cobertas, algumas criaturas estão à espreita, preparadas para matar.

°°Nojeiras noturnas°°

Noite. Hora de mistérios e... perigo. É difícil ver no escuro, e as coisas parecem estranhas e sinistras ao luar. Sons inesperados – foi um grito ou um guincho? Alguma coisa corre pelos arbustos. E nas sombras algo escuro e ameaçador procura pela primeira refeição da noite. Você sobreviverá para ver o Sol?

Animais noturnos (que são ativos à noite) estão adaptados à vida... noturna. Seus organismos evoluíram, tornando-os aptos a esse estilo de vida.

Há um tipo de macaco africano, por exemplo, que vive em árvores. Ele passa a noite caçando insetos, pássaros, frutas e qualquer coisa que possa agarrar.

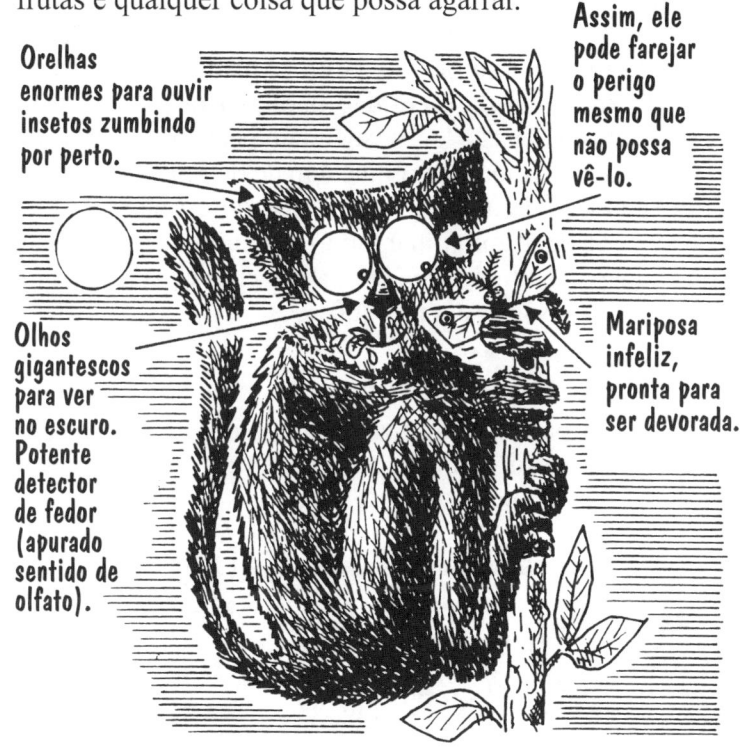

Orelhas enormes para ouvir insetos zumbindo por perto.

Assim, ele pode farejar o perigo mesmo que não possa vê-lo.

Olhos gigantescos para ver no escuro. Potente detector de fedor (apurado sentido de olfato).

Mariposa infeliz, pronta para ser devorada.

Aposto que você não sabia!

Provavelmente não é novidade para você que animais noturnos saem à noite e dormem de dia. E provavelmente já sabe que o termo científico para o animal que dorme de noite e é ativo durante o dia é diurno. Mas sabia que animais ativos ao nascer e ao pôr do sol são chamados de "crepusculares"? Você conhece alguma pessoa crepuscular?

Você pode achar que ser noturno é cansativo. Mas considere as vantagens para um animal de pequeno porte. A noite é fresca e úmida, o que é bom se você vive numa região quente e seca. Existem muitas sombras para se esconder, e muitas das criaturas maiores e ferozes estão dormindo.

Infelizmente, também existem caçadores noturnos. Corujas emergem da escuridão para agarrar musaranhos desavisados. Hienas e leões vagueiam pelas pradarias africanas, enquanto morcegos guincham pelos céus. Você já viu morcegos voando à noite? São assustadores, não? E você não gostaria de se aproximar muito. Mas alguns naturalistas são malucos por morcegos. De acordo com eles, morcegos são maravilhosos. Veja por quê...

Morcegos maravilhosos

1. Morcegos passam 5/6 da vida pendurados de cabeça para baixo. De acordo com um especialista em morcegos, essa é uma forma interessante de viver.

E EU SEI DO QUE FALO!

2. Bebês morcegos nascem de cabeça para baixo. Normalmente a mãe os pega antes que caiam no chão, e os pequenos se agarram na pelagem da mãe com os dentes. Consegue imaginar um bebê humano fazendo o mesmo?

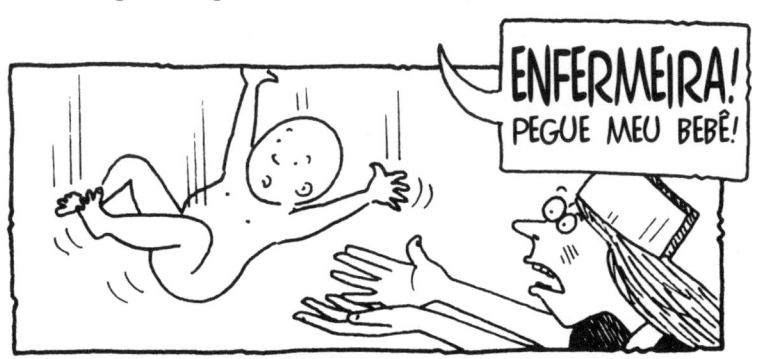

3. Não se pode falar "cego como um morcego" porque morcegos não são cegos de verdade – embora não consigam enxergar muito bem. Mas eles nem precisam dos olhos. Enquanto voam, emitem guinchos em alta frequência e ouvem os ecos que rebatem de um inseto voador, por exemplo. Guiando-se por esses ecos, o morcego consegue engolir um inseto suculento em pleno ar.

4. Um morcego consegue emitir 200 guinchos por segundo. Cada vez que guincha ele desliga a audição, para não ensurdecer. Senão as pessoas diriam "surdo como um morcego".

Você conseguiria ser um naturalista?

O naturalista Merlin D. Tuttle realizou uma série de experiências com morcegos no início da década de 1980. Ele queria saber como os morcegos caçavam os sapos que viviam num lago infestado por insetos no Panamá. Ele foi auxiliado pelo colega naturalista Michael Ryan, que estudava o acasalamento dos sapos. Você consegue prever os resultados dessas experiências?

1.ª experiência

Os morcegos conseguiam distinguir os sapos comestíveis dos venenosos? Os cientistas colocaram um morcego numa jaula grande o suficiente para ele voar. Então tocaram fitas de sapos venenosos e comestíveis coaxando. O que aconteceu?

a) O morcego atacava o toca-fitas sempre que ouvia um sapo coaxando.

b) O morcego somente atacava o toca-fitas quando ouvia o sapo comestível.

c) O morcego atacou os cientistas. Isso não responde à pergunta, mas prova que os morcegos atacam qualquer coisa que se mova.

2.ª experiência

Em seguida, eles testaram os sapos. Será que eles conseguiam ver os morcegos indo pegá-los? O cientista fez um boneco de morcego e fez com que este voasse em cabos acima do lago com os sapos. O que os sapos fizeram?

a) Eles não puderam ver o boneco e continuaram coaxando.

b) Eles viram o boneco e coaxaram ainda mais alto, para afugentar o morcego.

c) Eles ficavam em silêncio absoluto quando o boneco passava.

3.ª experiência

Os morcegos reconhecem os sapos pela forma ou pelo som? O dr. Tuttle segurou um sapo silencioso numa mão e esfregou os dedos da outra para produzir um som sibilante. O morcego atacou o sapo ou os dedos do naturalista?

a) O dr. Tuttle levou uma bela mordida nos dedos.
b) O sapo.
c) Nem uma coisa nem outra. O morcego enroscou-se no cabelo do cientista. Isso prova que o animal foi confundido pelo som.

> **Respostas: 1 b)** Os morcegos caçam usando sua incrível audição. **2 c)**. **3 a)** Isso prova mais uma vez que os morcegos caçam pelo som.

Aposto que você não sabia!

A caverna Carlsbad, no Novo México, EUA, fica fervilhante de morcegos. Cerca de 20 milhões de morcegos mexicanos vão para lá todos os verões. Os bebês, pendurados nas paredes, concentram-se na proporção de 2 mil por metro quadrado. Mesmo assim, as mamães morcego, ao retornarem de uma noite de caça, conseguem encontrar seus bebês usando a audição e o olfato. Cada uma reconhece seus filhotes pelos gritos e pelo cheiro. E os naturalistas descobriram que as mamães acertam em oitenta por cento das vezes.

Hábitos de dormir nojentos

A maioria dos animais não sai à noite. Eles preferem uma boa noite de sono. Muitos naturalistas acreditam que animais e humanos dormem porque não têm nada melhor para fazer. Eles não conseguem enxergar no escuro e comeram durante o dia. Então, por que não descansar? Mas veja que algumas criaturas têm hábitos de dormir nojentos.

1. Chimpanzés constroem camas com galhos flexíveis. Mas eles não se preocupam em arrumar a cama pela manhã. Simplesmente jogam tudo fora, incluindo qualquer sujeira e pulgas.

Você não gostaria de poder fazer o mesmo?

2. Quando o peixe-papagaio vai dormir, ele se enrola numa bola de visgo com um buraco pelo qual respira. Isso o mantém a salvo mesmo de enguias.

3. Apenas pássaros e mamíferos sonham. Peixes, anfíbios e répteis, não.

4. O prêmio pela posição de dormir mais desconfortável deve ir para o papagaio-azul. Esse pássaro dorme pendurado de cabeça para baixo de um galho. Seu dorso verde se parece com uma folha, o que o protege de ser visto por um predador.

BOM DIA!

RAIOS, UMA FOLHA FALANTE!

Alguns animais descobrem que vale a pena dormir a maior parte do tempo. Veja o coala australiano, por exemplo.

UM DIA NA VIDA DE UM COALA

À noite
Trepei na minha árvore. Devorei 1 kg de folhas de eucalipto — isso é que é vida. BOCEJO. Agora vou descansar os olhos — acho que fiz por merecer.

5:10
Encontrei um belo galho para me aconchegar. Zzzzzz.

7:30
Alguns humanos me acordaram! Eles não podem deixar um coala descansar em paz? Jogaram um laço ao redor do meu pescoço. Que folgados! Agora estão tentando me arrancar da minha árvore! É melhor cravar minhas garras nela.

> **OBSERVAÇÃO:** Coalas são mais ativos à noite. O repulsivo gosto das folhas de eucalipto não os incomoda nem um pouco.

> **OBSERVAÇÃO:** A dieta de folhas do coala não é nutritiva. Na verdade, isso faz com que ele durma!

> **OBSERVAÇÃO:** Quando há muitos coalas numa região, é boa ideia mover alguns deles para outro lugar antes que comam todas as folhas de eucalipto e comecem a passar fome. Contudo, nem todos os coalas gostam da casa nova. Alguns dos descontentes fazem a vagarosa viagem de volta para sua árvore favorita!

7:32
Arghh! Eles me pegaram. Ainda bem que tenho garras e dentes afiados. Nhac! Isto vai lhes ensinar uma lição.

OBSERVAÇÃO:
Ao dormir durante a parte mais quente do dia, o coala evita o superaquecimento e não fica com sede. Ele retira toda a água de que necessita das folhas que ingere.

10:00
Fui transportado num engradado. Ah, tudo bem. Esta árvore parece legal. Vamos dormir.

OBSERVAÇÃO:
O coala passa mais de 18 horas por dia dormindo. Quando acordado, move-se tão devagar que faz um bicho-preguiça parecer um guepardo.

17:00, 18:00, 19:00
Zzzzz

21:00
BOCEJO. O que há para o café da manhã? Ah, pode ser folhas de eucalipto.

Verão na terra dos sonhos

Muitos animais não dormem apenas a noite inteira. Alguns dormem a maior parte do inverno e só voltam à ativa na primavera. Isso se chama hibernação – mas provavelmente você já sabe. Então, aqui vão só mais uns detalhes para mantê-lo acordado.

A hibernação é uma boa ideia, porque os animais precisam de mais comida para se manterem aquecidos no frio. Mas durante o inverno a disponibilidade de alimento é menor. Ao dormir a maior parte do tempo, um animal pode sobreviver sem ter de procurar essa comida extra. Algumas criaturas vivem da comida estocada em suas tocas, enquanto outras vivem de sua própria gordura – que elas armazenam comendo o máximo possível durante os meses quentes.

Entre os animais que hibernam encontramos tartarugas, esquilos, ratos silvestres, morcegos e algumas cobras. Durante a hibernação, o pulso, a respiração e a temperatura do animal diminuem tanto que ele pode parecer morto. Isso já fez com que muitas tartarugas infelizes fossem enterradas antes da hora. Zzzz.

POBRE TATÁ, ERA UMA TARTARUGA MUITO BOA!

PENA QUE EU NÃO RONQUE – ELES TERIAM PERCEBIDO QUE EU ESTOU VIVA!

Natureza nojenta?

Alguns animais parecem realmente nojentos. Têm aspecto repulsivo e fazem coisas nojentas a outros animais. Alguns animais possuem armas horríveis ou usam truques terríveis para agarrar suas presas. Alguns comem comida podre. E seus hábitos alimentares conseguem tirar o seu apetite.

> MAS É MINHA VEZ DE COMER OS OLHOS!

Mas e daí? Não se pode esperar que os animais sejam educados uns com os outros. Essas qualidades podem ser encontradas em humanos – com sorte. Animais têm de ser duros para sobreviver num ambiente duro. Para eles, é mais importante sobreviver do que ser gentis. Para um animal, cada dia é uma batalha para continuar vivo. Quando acorda pela manhã, um animal não sabe se vai chegar vivo ao fim do dia ou se vai ser o lanchinho de uma criatura maior.

> CADÊ O JOÃO?

E, apesar de todos os seus hábitos nojentos, para nós, humanos, os animais são extremamente importantes. Eles nos fornecem matéria-prima para nossa alimentação, enquanto cavalos e cães trabalham duro para nós. Ao contrário de alguns humanos, os animais *nunca* são tediosos. É claro que alguns animais são nojentos, mas também são lindos, fascinantes e esplêndidos em sua deslumbrante variedade.

> SIM, SIM, ELES SÃO LINDOS E FASCINANTES. AGORA, LIVRE-SE DELES!

Você deve ter percebido por que os naturalistas passam a vida inteira estudando animais em seus *habitats* naturais. E por que eles ficam horrivelmente animados quando conseguem fotografar uma criatura rara de um ângulo incomum. Realmente, não há dúvida – para nós, humanos, os animais nos fascinam terrivelmente. Este foi mais um Saber Horrível para você!

> ...FASCINANTE... E INCOMUM PARA ESTE TIPO DE COBRA... ELAS NORMALMENTE SÓ COMEM LAGARTOS!

Nick Arnold tem escrito histórias e livros desde muito jovem, mas nunca sonhou que encontraria a fama escrevendo sobre a Natureza Nojenta. Sua pesquisa envolveu atracar-se com leões, falar com animais estúpidos e se enrolar em cobras. E ele adorou cada minuto!

Quando não está pesquisando o Saber Horrível, Nick ensina adultos numa faculdade. Seus passatempos prediletos incluem comer pizza, andar de bicicleta e pensar piadas infames (mas não tudo ao mesmo tempo).

Tony De Saulles pegou os lápis de cor quando ainda usava fraldas e tem rabiscado desde então. Ele leva o Saber Horrível muito a sério, e até concordou em se encontrar com alguns de nossos animais animalescos para desenhá-los. Felizmente, seus ferimentos não foram muito sérios.

Quando não está com seu bloco de desenhos, Tony gosta de escrever poesia e jogar *squash*, embora ainda não tenha escrito nenhum poema a respeito desse esporte.